COLECCIÓN POPULAR

144

EL ETERNO FEMENINO

ROSARIO CASTELLANOS

EL ETERNO FEMENINO

FARSA

FONDO DE CULTURA ECONÓMICA

Primera edición, FCE México,   1975
   Primera reimpresión, FCE España,   2021

[Primera edición en libro electrónico, 2012]

Castellanos, Rosario
   El eterno femenino : farsa / Rosario Castellanos. — México :
FCE, 1975
   204 p. ; 17 × 11 cm — (Colec. Popular ; 144)
   ISBN 978-84-375-0816-0 (FCE España)
   ISBN 978-968-16-0965-8 (FCE México)

   1. Teatro mexicano 2. Literatura mexicana – Siglo XX I. Ser. II. t.

LC PQ7297   Dewey M862 C348e

Distribución mundial

D. R. © 2021, Fondo de Cultura Económica de España, S. L.
Vía de los Poblados, 17 – 4.º – 15; 28033 Madrid
editor@fondodeculturaeconomica.es
www.fondodeculturaeconomica.es

Por acuerdo con Fondo de Cultura Económica
Carretera Picacho-Ajusco, 227; 14738 Ciudad de México
www.fondodeculturaeconomica.com

Diseño de portada: Teresa Guzmán

ISBN 978-84-375-0816-0
DL M-6814-2021

Impreso en España • *Printed in Spain*

PRESENTACIÓN

En *Poemas* ya vaticinaba Rosario Castellanos la esencia misma de su propia perennidad al concluir en la *Lamentación*:

"...Porque yo sé que para mí no hay muerte.
Porque el dolor —¿y qué otra cosa soy más que
    dolor?— me ha hecho eterna"

Más tarde, nueva Dido que retorna al mundo de los vivos, afirma en *Meditación en el umbral*:

"Debe haber otro modo...

Otro modo de ser humano y libre.

Otro modo de ser."

Después de renacer al mundo de las formas —que en esta segunda etapa creativa asumirían

7

significados ricos en nuevas dimensiones— se lanza la escritora en busca de nuevos derroteros. A partir de esta época su prosa presenta facetas donde alternan un humorismo e ingenio que fueron, más que ornamento, virtudes primordiales de la mujer. La alegría campea a lo largo de sus ensayos y artículos periodísticos, a los que sólo en ocasiones ensombrece el recuerdo de aquella vida anterior donde imperaran la soledad y la eterna presencia de la muerte. Su mirada, siempre ávida y lúcida, se aleja del ámbito melancólico de la propia desdicha para volcarse enternecida en la contemplación de sus semejantes.

Desde *Álbum de familia* va a trasladar la asfixiante atmósfera de la irredenta provincia a los ámbitos "liberados" de la gran ciudad, pero vuelve a reconocer allí las mismas llagas que abre la injusticia organizada con su huella implacable.

Más tarde, en vísperas de iniciar sus triunfos como mujer de carrera, ha de definir sus recónditas afinidades con la literatura teatral. Ya dos intentos anteriores en que había ejercitado su pluma en este campo, *Salomé* y *Judith,* se habían traducido en un mero logro de poesía dialogada que, no obstante la belleza intrínseca del texto, carecía de funcionalidad y dimensiones dramáticas.

Así, en el otoño de 1970, cuando su agitada existencia transcurría entre la crítica, la cátedra universitaria, las conferencias y el "arduo aprendizaje de ser madre" recibió un llamado telefónico de la actriz Emma Teresa Armendáriz y su esposo, el director teatral Rafael López Miarnau. Ambos habían seguido con regularidad la producción periodística de la escritora y creyeron descubrir en sus artículos semanales un trasfondo ideológico, una vena humorística y un lenguaje que se antojaban más idóneos para las tablas que para las líneas ágata.

"Segregando adrenalina como perro de Pávlov" (según ella misma lo afirmaba, sufría esta reacción cada vez que palpaba la menor manifestación de afecto), Rosario Castellanos aceptó asistir con los López Miarnau a una serie de entrevistas en las cuales habrían de discutir sobre una posible obra teatral que planteara los problemas de ser mujer en un mundo condicionado por varones. Y si bien al principio no aceptó el encargo que le proponían sus nuevos amigos por considerarse incapaz de cumplirlo, prometió proporcionarles toda la información en torno al tema, siempre y cuando fuera otro el que diera la forma dramática.

A pesar de esta reserva inicial, las perspectivas críticas que desde ese instante quedaban abiertas a su imaginación deben haberle parecido ilimitadas. Frente a semejante proyecto, podría volver a dar pruebas de su inteligencia e integridad como escritora y manifestar con valentía su apego a la verdad —sin duda el rasgo sobresaliente en toda su narrativa— a la vez que argumentar racionalmente sobre el aspecto femenino, elemento constante en toda su lírica. Además, como a la sazón proliferaban por todas las latitudes brotes "feministas" que fatalmente acababan desfeminizando a la mujer, el reto se antojaba, amén de atractivo, rico en posibilidades de definición.

Desde luego se organizaron las reuniones que semana a semana se repitieron durante varios meses. En las tertulias la poetisa departía con gente de teatro, y sólo dejó de asistir a ellas al marcharse a Israel para desempeñar el cargo de embajadora de México. Pero en las charlas que precedieron su partida, mientras analizaba los problemas de la mujer y prodigaba con pleno conocimiento de causa los datos que poseía, en su ánimo había surgido el secreto anhelo de dominar el lenguaje dramático como medio de expresión.

A principios de 1971, ninguno de los varios esbozos que los demás presentaran había resultado del todo satisfactorio, y así el proyecto no llegó a cristalizar antes de su viaje.

Muchas fueron las ocupaciones que durante los primeros meses agobiaron a la embajadora al llegar a Tel Aviv. Pero al cabo de una adaptación inicial, pronto halló en su nueva existencia el clima favorable para dar forma a un propósito que había quedado rezagado e inconcluso. Luego, la solución surgió de repente, y de la idea fundamental brotó la escritura sin ningún esfuerzo. Así, para la Pascua de 1973, terminó Rosario Castellanos esta farsa, que le pareció literariamente aceptable. Aprovechando la solemnidad e importancia de las fiestas en Israel, decidió quedarse sola en su casa de Tel Aviv durante aquellas cortas vacaciones para pasar a máquina su manuscrito, que concluyó entre el 19 y el 23 de abril.

Había ya dado pruebas incontables de maestría y naturalidad en su lírica: con sus poemas había trascendido recónditas zozobras, se había liberado de las angustias más personales, había moldeado la delicada imagen del sufrimiento individual y proferido el éxtasis de la belleza interior al descender hasta los más profundos abismos de la desesperanza. En la narrativa, su índice iracundo desenmascaraba la injusticia cuando narraba con ternura la sordidez en que se debaten las víctimas del atropello y el oprobio atávicos. Ahora, en esta comedia, inauguraba una nueva veta; desbrozando

11

un campo virgen dejaba caer el grano del que brotaría el fruto acaso más jovial y ameno de su creación literaria; prolongaba su personalísima posición ante el feminismo, donde siempre se manifestó abierta y categóricamente como mujer que en ninguna circunstancia estaba dispuesta a dejar de serlo.

En *El eterno femenino* Rosario Castellanos arranca las máscaras, combate mitos y, ante un conflicto que no por dramático resultaba menos ambiguo e impreciso en el planteamiento, apunta con idioma ágil, jocoso y dúctil, contra la hipócrita complicidad de hombres y mujeres que se arrellanan en un status quo del que ambos sexos pretenden obtener ventajas y provechos. Rosario Castellanos había vuelto a la vida para re-suscitar esta vez el símbolo perenne de toda su obra anterior. Sólo que no iban a escucharse en la frescura de estas páginas los plañideros acentos de Dido que llora resignada la pérdida irreversible, como tampoco resonarían aquí el grito arrogante de Salomé ni la ríspida ternura de Judith dolorida. No más "esas mujeres despeinadas por la desesperación. El dolor es otra cosa mucho más tranquila y perdurable. *Y no se expresa,* de allí su fuerza".

Aquí la mirada de la poetisa escudriña el mundo a través de una nueva lente, bajo un prisma distinto, para resumir desde esa nueva atalaya la amplia visión que logró integrar durante su multifacética existencia. En el transcurso de la obra replantea la misma interrogante que estuvo presente en su lírica, en la novela y en el cuento, pero la ilumina con nuevos matices y dentro de los marcos más diversos. La historia entreteje su imagen en la trama de la sociología contemporánea; las protagonistas rechazan a través de la acción dramática todo comportamiento acartonado y convencional. Desde Lupita hasta la Corregidora, las mujeres establecen tácita o expresamente la necesidad de hallar ese "otro modo de ser humano y libre".

La autora decapita a sus marionetas en el tinglado mismo para que cada personaje, despojado de falsos oropeles, se lance en pos de otro rostro. Pero esta vez han de ser nuevos rasgos que correspondan a una realidad individual, familiar, social y nacional, que Rosario Castellanos propone para erigir un mundo congruente y auténtico después de haber desintegrado artificiosos esquemas que sólo satisfacen las exigencias de la mala fe a la manera de Sartre. Ni falsos heroísmos ni simulada abnegación han de hallar cabida en el nuevo orden que nos propone la escritura. Jocosa, su verdad se pavonea en cada escena señalando las consecuencias y mostrando los inconvenientes; y es tal la comicidad que destilan el diálogo y las situaciones, que apuramos gustosos el trago amargo saboreando a cada instante los agridulces resabios. Cada personaje proyecta su dimensión actual a la vez que encarna el símbolo de ancestrales mentiras; se despejan las incógnitas con la advertencia de que un mundo basado en flaquezas ajenas, en pretendidas sumisiones y compromisos hipócritas, es frágil castillo de arena que es preciso reconstruir a partir de cimientos de mayor solidez.

Responsables del embuste son tirios y troyanos, hombres y mujeres, jóvenes y viejos, fuertes y débiles. Los unos —quienes bogan a bordo de una barca que se desliza impávida sobre aguas cristalinas— por no enturbiar la diafanidad con el limo que se adivina bajo la aparente calma; los otros, por no decidirse a derribar el ídolo en que han logrado acumular sobre la "esclava venerada" la cómoda proyección de madre, esposa y amante; los más, por no atreverse a alterar el orden indiscutible en la "tierra de Dios y María Santísima"; el poderoso por arbitrario y el débil por inerme, pero todos son cómplices al fin de una culpígena conjura en la que hasta el héroe histórico se ve forzado a tornarse en monumento nacional cuya arcilla diluye fatalmente una dimensión otrora humana.

En los protagonistas de *El eterno femenino* reconoceremos el mismo sedimento que diera vida a vírgenes inocentes, a cónyuges pasivas, a analíticas esposas o a "abnegadas" madres y a verdugos implacables. En los tres actos de esta farsa, los maridos, hijos, amantes —¡hasta el cinturita de "Flor de Fango"!— todos manipulan idénticas artimañas para medrar en el sistema armónico del bienestar consuetudinario que, desde *Ciudad Real,* se ha instalado en un ambiente que hemos de modificar para hacernos merecedores de un mundo mejor, más sano y honesto.

La sátira de estas páginas es ante todo constructiva, y si la autora a veces se ensaña en alguna figura aislada, lo hace recordando la determinación de Hamlet: "I must be cruel, only to be kind." Pero la misericordia y el amor por los personajes prevalecen sobre cualquier forma de crueldad destructora. Ante nosotros marchan hombres y mujeres cuyo aspecto grotesco no los vuelve menos amables. Y la carpa donde se desarrolla la fina comedia del segundo acto da una pincelada de circo que, sin duda, evocará en el recuerdo de muchos los fastuosos desfiles fellinianos.

En repetidas ocasiones expresó Rosario Castellanos un entusiasta deseo porque su obra de teatro llegara a todo público a fin de que pobres y ricos, cultos e ignorantes, hombres y mujeres —todos sin excepción— cobraran conciencia de las situaciones que en ella se plantean. Por ende, el carácter festivo de esta celebración escénica se reviste de un lenguaje que estalla a cada instante en los matices variados de un inagotable fuego de artificio. En ciertas escenas —piénsese en el delicado episodio de Sor Juana, en la conmovedora meditación de la solterona— la inspiración se funde con un virtuosismo del que sólo podía hacer gala quien ya había dominado todas las gamas de la lírica; en otras, brota el acento capitalino proyectando no sólo el habla que constantemente renueva el pueblo con feroz imaginación, sino también las costumbres, tradiciones, ritos, creencias y supersticiones que, como atavismo, incorpora el mexicano en su vida cotidiana para soslayar un enfrentamiento con la verdad. Recurren a veces los personajes a frases hechas bajo las que se encubre el conflicto, y en sus labios la palabra cobra nueva vida. La aristocracia trasnochada se codea aquí con una insípida clase media de tranquila conciencia, y la prostituta plantea desde su propio ámbito las mismas premisas que asedian a la revolucionaria ferviente —también engañada. Pero el denominador común que reviste el lenguaje al fluir de la pluma de Rosario Castellanos en esta obra es el ingenio, la luminosidad, la chispa que detona la carcajada donde se ahoga el sollozo impotente.

No pasarán inadvertidas la gracia y agilidad de las acotaciones escénicas en que, además, resuenan ecos de aquellos artículos que semana a semana se recibían de Tel Aviv; en ellas parece escucharse a la escritora que, con comentarios proferidos en un tono de voz que repentinamente transitaba de los matices agudos a los bajos más aterciopelados, fascinaba a su interlocutor desatando a la vez hilaridad incontenible y deliciosa serenidad.

Raúl Ortiz

A

Emma Teresa Armendáriz
y a
Rafael López Miarnau,

con gratitud

PERSONAJES

*Los que aparezcan. Pero serán suficientes diez
actores —siete mujeres y tres hombres— siempre
y cuando sean versátiles y comprendan que se trata de un texto no de caracteres sino de situaciones.*

*Esto quiere decir que los protagonistas han de
definirse por las acciones (que, a veces, serán únicas), por las palabras (que no serán muy abundan-
tes) y, fundamentalmente, por su vestuario y por
el ambiente en que se mueven.*

*La resolución de este problema recae sobre el
encargado de la decoración. No tratará, en ningún momento, de ser realista, sino de captar la
esencia, el rasgo definitivo de una persona, de*

21

una moda, de una época. Es aconsejable la exa-
geración, de la misma manera que la usan los ca-
ricaturistas, a quienes les bastan unas cuantas lí-
neas para que el público identifique a los modelos
en los que se inspiraron sus figuras.

El texto, como se avisa desde el principio, es el
de una farsa que, en ciertos momentos, se enter-
nece, se intelectualiza o, por el contrario, se torna
grotesca. El equilibrio de estos elementos, el man-
tenimiento de un tono general y, sobre todo, el
ritmo en el desarrollo de la trama, ha de lograrlos
el director.

Y yo agradecería que el equipo entero de tra-
bajo no olvidara la frase de Cortázar que bien po-
día haberme servido de epígrafe y que afirma que
la risa ha cavado siempre más túneles que las
lágrimas.

PRIMER ACTO

OBERTURA

Un salón de belleza en una colonia residencial de la clase media mexicana en el Distrito Federal. Hay que acentuar el aspecto marciano de las clientes metidas dentro de los secadores. La peinadora está terminando de colocar los tubos, la red, los protectores contra el calor en las orejas de una cliente. La dueña vigila, con ojo de águila, el correcto funcionamiento de su negocio. Se abre la puerta para dar paso al agente de ventas, viejo conocido en esos rumbos, con quien se intercambian los gestos rituales de saludo. La dueña lo lleva a un sitio en el que puedan, cómodamente, discutir y anotar el pedido. El agente saca de su portafolio su as de triunfo: un nuevo catálogo.

Agente: Esta vez, señora, se trata de algo sensacional, inaudito, insólito: un producto nuevo.

La peinadora, que ha conducido a la mujer con la que se trabajaba al secador, se acerca a escuchar con curiosidad. A la dueña, obviamente, le parece una falta de respeto. Pero no se atreve a protestar, ni contra la presencia de la peinadora, ni contra sus intervenciones, que siempre le parecen insolentes, por miedo a quedarse sin nadie que le sirva. Éstas son, por lo pronto, las consecuencias que se resienten, en carne propia, de la etapa del despegue en el proceso de desarrollo en un país del tercer mundo.

Peinadora *(Asombrada y complacida.)*: ¿Otro?

Dueña *(Con reproche.)*: Pero si todavía no hemos acabado de pagar los abonos del último producto nuevo que usted nos trajo. Hace justamente dos meses.

Agente: El progreso va rápido, señora, y nadie podrá detenerlo. En cuanto al aparato viejo (si es eso lo que la preocupa), la compañía lo toma como enganche del nuevo. Lo demás, ya lo sabe usted, que es mi cliente consentida. Usted paga como quiere y cuando quiere.

Peinadora: ¿Y si, de veras, no quiere?

AGENTE: No hay problema. La fianza que se deposita al principio nos cubre contra todas las eventualidades.

PEINADORA: Abusados, ¿no?

AGENTE: En los países latinos, donde el tullido es alambrista, son frecuentes los cambios de voluntad, de domicilio, de nombre, de temperatura y hasta de gobierno. La casa se ve obligada a tomar sus precauciones...

PEINADORA: ¡A poco es la Casa Blanca!

DUEÑA (*A la peinadora, áspera.*): ¡No seas metiche!

AGENTE (*Impávido, prosiguiendo su lección aprendida de memoria.*): Los mánagers de nuestra compañía han tenido en cuenta las peculiaridades de la clientela al diseñar su sistema de crédito para estar a salvo de cualquier contingencia.

PEINADORA: ¿Quién está a salvo?

AGENTE: La compañía... digo, la clientela. (*Volviéndose a la dueña y refiriéndose a la peinadora.*) ¡Qué muchacha tan simpática! ¿Dónde aprendió a hacer preguntas?

PEINADORA: En un lugar distinto a donde a usted le enseñaron las respuestas. Por eso es que no coincidimos.

AGENTE (*Con risa de conejo, a la dueña.*): Señora, ¿no tendría usted inconveniente en invitarme

25

a tomar una taza de café? Me encantaría que lo preparara la señorita, que tiene unas manos de hada.

PEINADORA: ¿No prefiere usted que yo le haga un té con hojitas de tenme acá? (*Sin esperar la respuesta, se va.*)

AGENTE (*A la dueña.*): He querido hablar privadamente con usted porque todavía estamos en una etapa de experimentación y se trata de un secreto. Mire usted a sus clientes, con la cabeza metida dentro del secador. ¿Cuánto tiempo duran así?

DUEÑA (*En tono neutro, para no comprometerse.*): Depende de la cabeza de cada una.

AGENTE: El promedio, según las estadísticas, es de una hora. ¡Una hora! ¿No le parece monstruoso? Una hora en que no se puede platicar, ni oír el radio, ni ver la televisión porque con el ruido no se entiende una sola palabra. Ni leer porque se tienen las manos ocupadas con el manicure. Ni nada. Y luego, el calor. ¡Una hora! ¿Cuántas veces a la semana vienen sus clientes?

DUEÑA: Las rejegas, una; las comunes y corrientes, dos. Las consentidas, diario.

AGENTE: Eso hace un promedio mínimo de 52 horas al año. ¡52 horas de infierno!

DUEÑA: Hay que sufrir para merecer, ¿no? Al que quiera azul celeste, que le cueste.

AGENTE: Ya les cuesta dinero, ya les cuesta tiempo. ¿No es suficiente?

DUEÑA: Al que quiera azul celeste bajo, que le cueste su trabajo.

AGENTE: Usted me perdonará, pero ésa no es la filosofía de la casa que yo represento. Nuestro lema es: goce cuanto pueda y no pague... (*Mefistofélico.*) si puede.

DUEÑA: ¿Sí? Eso era lo que decía mi difunto y ya ve usted, murió sin dejarme dinero cual ninguno. De no haber sido por eso... ¿Usted cree que yo me metí a trabajar por mi gusto? Si hay justicia, Dios ha de tenerlo achicharrándose en los apretados infiernos.

AGENTE: No se preocupe, señora. Con nuestra casa no hay problemas de salvación eterna. En lo que a nosotros concierne usted no tendrá deudas que le cobren en el cielo. Todo liquidado antes del viaje.

PEINADORA (*Con una bandeja y varias tazas.*): Hice café para los tres.

AGENTE (*Resignándose a tener un testigo del que no se puede desembarazar.*): Gracias. Hay que pensar en la clientela, en el bienestar al que tienen derecho. ¡Ya no más el secador como instrumento de tortura!

PEINADORA: ¡Bravo! ¿Van a cambiar la moda de

los peinados? ¿Los van a hacer más sencillos, más rápidos, más baratos?

DUEÑA: ¿Quieres que nos quiten, a ti y a mí, el pan de la boca? ¡Estás chiflada!

AGENTE: Muy bien visto, señora. No se trata de perjudicar los intereses de la iniciativa privada simplificando, disminuyendo o haciendo superfluo el producto que ofrecen. Se trata, en este caso particular, de que mientras dura el secado del pelo —tiempo que no variará— la cliente se divierta. Nuestros expertos hicieron una encuesta: ¿qué hace una mujer reducida a la inercia total durante una hora?

PEINADORA: Se aburre.

DUEÑA: Se duerme.

AGENTE: Contábamos con las dos respuestas y debo confesar que no nos preocupamos demasiado por ellas. Pero cuando se descubrió que el aburrimiento o el sueño eran sólo transitorios y que podían tener otras consecuencias... entonces... entonces fue necesario inventar algo para conjurar el peligro.

PEINADORA: ¿Cuál peligro?

AGENTE: Que las mujeres, sin darse cuenta, se pusieran a pensar. El mismo refrán lo dice: piensa mal y acertarás. El pensamiento es, en sí mismo, un mal. Hay que evitarlo.

DUEÑA: ¿Cómo?

AGENTE: Con este aparato que le voy a mostrar. *(Deshace un paquete y muestra algún diminuto dispositivo electrónico.)*

DUEÑA *(Decepcionada.)*: ¿Esa pulga?

PEINADORA: ¿Para qué sirve?

AGENTE: Para colocarse en donde se genera la corriente eléctrica del secador. Aparte de emitir unas vibraciones que amortiguan la sensación no placentera del secado —el ruido, el calor, el aislamiento, etc.— cumple una función positiva. Yo diría: extremadamente positiva. Induce sueños.

DUEÑA: ¿Sueños?

AGENTE: ¡Maravillosos sueños! Durante todo el tiempo que la cliente está sometida a la acción de este aparato, sueña.

PEINADORA: ¿Y qué sueña?

AGENTE: Lo que quiera. Mire, aquí, operando este botón, se obtiene el control absoluto del material. Hay un catálogo completo de variantes: sueña que es la mujer más bonita del mundo; que todos los hombres se enamoran de ella; que todas las mujeres la envidian; que a su marido le suben el sueldo; que no hay alza de precios en los artículos de primera necesidad; que consigue una criada eficiente y barata; que este mes queda embarazada; que este mes no queda embarazada; que sus

hijos sacan diez de promedio en la escuela; que sus hijas necesitan brassiere; que se muere su suegra; que se queda viuda y cobra un gran seguro de vida... en fin, hay para todas las situaciones y para todos los gustos.

PEINADORA: ¡Pero son sueños de lo más comunes y corrientes!

AGENTE: Bueno... si usted tiene una clientela especial nosotros le proporcionamos unos aparatos especiales. Naturalmente, son más caros.

DUEÑA: Ya me lo imaginaba. Han de costar un ojo de la cara.

AGENTE: No, no. Si se trata del modelo barato, como el que usted necesita, no hay problema. Y tenga usted en cuenta lo que puede usted subir de valor a su trabajo. Usted sabe tan bien como yo que no es usted la que paga: es la clientela. Y de paso hace usted una obra caritativa. La gente es capaz de darlo todo con tal de no pensar. Sí, pensar: el gran riesgo del ocio. ¿Se da usted cuenta del peligro que correríamos si...?

DUEÑA *(Horrorizada.)*: ¡Ni pensarlo!

PEINADORA *(Contemplando el dispositivo.)*: La solución al problema está aquí.

AGENTE: Exactamente. Ya no hay por qué preocuparse.

PEINADORA: Es como una especie de droga, de LSD.

DUEÑA: ¿Cómo te atreves a hacer esas comparaciones? Las drogas son una porquería para viciosos. Éste es un aparato decente.

AGENTE: ¿Hacemos el pedido?

DUEÑA: No. Déjemelo a vistas. No me quiero embarcar en una aventura.

AGENTE: ¡Pruébelo! No se arrepentirá.

PEINADORA: ¿Por qué no lo estrenamos con Lupita? Sería como una especie de regalo. (*Al agente.*) Se trata de una ocasión muy especial: viene hoy a peinarse para su boda.

AGENTE: Tenemos exactamente lo que se necesita en esos casos. ¿Dónde quiere que se lo coloque?

PEINADORA (*Llevándolo a un secador.*): Aquí.

DUEÑA: Fíjate en cómo se hace a ver si aprendes.

AGENTE: Es facilísimo. (*Trabaja, observado muy de cerca por la peinadora.*) Listo. ¿Se lo dejo graduado en algún punto?

PEINADORA: Sí. En ese punto que dice: ¿Qué me reserva el porvenir?

DUEÑA (*Todavía aprensiva.*): ¿No será muy arriesgado?

AGENTE: Por favor señora, ¡no me ofenda! ¿Quién cree usted que planeó ese sueño? ¿Una persona común y corriente? De ningún modo. ¿Un

genio? Tampoco. El primero es muy limitado; el segundo está loco. Entonces recurrimos a algo mejor que los dos juntos: una máquina, una computadora, un cerebro electrónico. Lo que no puede equivocarse nunca. El sueño será placentero. Y ahora *(transfigurado por sus atavismos en maestro de ceremonias del Salón México)*, querido público, vamos a tener el gusto de dedicar nuestra pieza *¿Qué me reserva el porvenir?* con especial dedicatoria a nuestra dilecta amiga Lupita y personas que la acompañan. ¡Hey, familia!...

DANZÓN

LUNA DE MIEL

En un sofá, cubierta con un velo y vestida con el más convencional y pomposo traje de novia —al fin y al cabo es para una sola vez en la vida— está Lupita. En la cola del traje hay una mancha de sangre que no resultaría muy visible si ella no arreglara cuidadosamente los pliegues de modo que la mancha resalte a la vista. Mientras ella se ocupa de este menester, con una virtuosa minuciosidad, Juan, el marido, se pasea como fiera enjaulada. Fuera de una trusa color carne —que ha de producir, lo más posible, una impresión de desnudez— no tiene puesto mas que el sombrero de copa, el

cuello duro, la corbata de plastrón, los puños al-
midonados, abrochados con vistosas mancuernas,
los calcetines altos y zapatos de charol. Gesticula,
como si hiciera cuentas con los dedos y, por fin, se
decide a consultar una especie de enorme código
abierto sobre un facistol. Con una pluma de gan-
so va poniendo una palomita en aquello que ya
ha sido consumado.

JUAN: Vamos a ver: parágrafo IV, inciso C, del
Débito Conyugal. Despachado. Inciso F. Misión
cumplida. Inciso H... La H es muda, lo que quiere decir... no estoy muy seguro... pero tampoco
muy inseguro. En caso de duda, puntos suspensi-
vos. Ya está. Inciso N... (*Triunfalmente.*) ¡a-ja-ja!

Deja el libro y va, con un ímpetu de toro que em-
biste, al lugar de Lupita quien, aprovechando la
distracción de su marido, se ha levantado el velo
y se relame los labios con los signos del más obvio
placer. Juan la contempla reprobatoriamente, la
toma por los hombros, la sacude con violencia y
ordena:

JUAN: ¡Mírame a los ojos!

Lupita obedece sin parpadear y Juan retrocede,
horrorizado.

JUAN: ¡Mujer impúdica! ¿Cómo te atreves a mirarme así? ¡Bájate el velo, ipso facto, desvergonzada! Ahora sí. Mírame a los ojos y dime: ¿ha sido ésta la primera vez?

LUPITA *(En uno de esos apartes obvios del teatro antiguo.)*: ¡Qué manía tienen todos los hombres de preguntar lo mismo! *(A Juan, con voz inocente.)* No sé de qué me estás hablando.

JUAN *(Tomado de sorpresa. Evidentemente no era la respuesta que esperaba. Improvisa.)*: Digo que si es la primera vez que te casas.

LUPITA: Ah, bueno. Claro. ¡No faltaba más!

JUAN *(Solemne, con la mano sobre el corazón.)*: ¿Y has llegado pura al matrimonio?

LUPITA *(Señalando orgullosamente la mancha.)*: ¿Qué no ves?

JUAN: Sí veo, pero no soy muy experto. Parece salsa Catsup.

LUPITA: ¡Salsa Catsup! Es plasma. De la mejor calidad. Compré un cuarto de litro en el Banco de Sangre.

JUAN: Muy bien contestado. *(Va al libro y dibuja una palomita mientras Lupita continúa hablando.)*

LUPITA: A mí me hubiera gustado comprar alguna otra cosa más bonita con ese dinero: un vestido, unas medias... Pero mis amigas me aconse-

34

jaron: lo primero es lo primero, decían y... pues ni modo.

JUAN: Tus amigas tenían razón. (*Abandona el libro y vuelve a la órbita de Lupita.*) Y ahora, la pregunta de los sesenta y cuatro mil pesos: ¿Te gustó?

LUPITA (*Indignada.*): ¿Gustarme? ¿A mí? ¿A una muchacha decente? ¿Por quién me tomas?

JUAN (*Esperanzado.*): ¿No te gustó?

LUPITA (*Firme.*): Me pareció repugnante, asqueroso.

JUAN (*Transportado.*): Gracias, Lupita. Ya sabía yo que no ibas a fallarme a la hora de la verdad. Gracias, gracias.

LUPITA: No volveré a permitirte que te acerques nunca, jamás, a mí.

JUAN: ¿Ni siquiera si te obligo?

LUPITA: ¿Serías capaz?

JUAN: Naturalmente. ¿Qué podría impedírmelo? Tengo la fuerza y tengo el derecho. Además, tú me juraste obediencia ante un altar.

LUPITA: Juré por ignorancia, por inocencia... Y ahora tú te aprovechas de mi situación. ¡Infame!

JUAN: ¡Vas a ver lo que se te espera! ¿Crees que has apurado ya la copa del dolor hasta las heces? Ja, ja, ja. Permíteme una sonrisa. Lo de hoy no fue sino un pequeño botón de muestra.

LUPITA: Pero si me dolió horrores, me destrozaste. ¡Mira! *(Señala, dramáticamente, la mancha.)*

JUAN *(Con petulancia.)*: Pues eso no es nada. Y va a llegar el momento en que no te vas a quejar de lo duro sino de lo tupido.

LUPITA *(De rodillas.)*: ¡Piedad!

JUAN *(Verdugo.)*: No, no me apiadaré de ti aunque me lo supliques hincándote a mis pies. *(Lupita repta por el suelo y hace todas las gesticulaciones inútiles que reclama la proximidad de una catástrofe inevitable.)* ¿Qué crees que un macho mexicano se va a dejar conmover por unas lágrimas de cocodrilo? No. Seguiré implacablemente hasta...

Oscuro.

LA ANUNCIACIÓN

Lupita vestida con unos muy ceñidos pantalones toreros. Guapísima y exultante de dicha. Con el trapo de sacudir hace verónicas y otras figuras taurinas mientras una multitud invisible grita "¡Olé!". Lupita hace una reverencia al público y empieza a mimar lo que dice la voz de un locutor en el micrófono, desempeñando, alternativamente, el papel del toro y del torero.

Voz: La noche de su alternativa, y después de una faena inolvidable, el diestro se tiró a matar. De una sola estocada rindió al burel que tan noblemente se prestó al juego. La multitud agitó pañuelos blancos reclamando, para el diestro, orejas y rabo, los que le fueron concedidos después de varias vueltas al ruedo.

Se extingue la voz. Lupita hace una reverencia al público que aplaude, simula arrojar los trofeos y vuelve adonde estaba: su casa.

LUPITA: Ese noble burel, de gran alzada y trapío, abierto de pitones, soy yo, su segura servidora, Lupita. Y no es que me guste presumir, pero cuando me comparo con otras... Con Mariquita la del 7, por ejemplo, que volvió viva al corral. O con Carmen, que después de varios pinchazos en el hueso tiene que ser rematada por los mozos de cuadrilla. Y me consta que lo que es por ellas no quedó. Buena casta, buen encierro. Se crecían al castigo. Pero se necesitaba el temple torero de mi Juan.

El ambiente pasa del pasodoble al bolero. Disminuyen las luces.

LUPITA: Claro que el ambiente ayuda: las noches de luna, los mariscos, los clavadistas de la Quebrada. *(Cesa la música. Luz plena.)* Aunque no deja uno de ponerse nervioso con la idea del cuentón del hotel. Y de los nervios a la espantáa, no hay más que un paso... que, gracias a Dios, mi Juan nunca dio. Pero tuvo que oír, para qué negarlo, las llamadas de atención del juez de plaza y, a veces, suspender la corrida programada a causa del mal tiempo. Pero aquí, pisando terreno propio, reverdecen sus laureles. Revoleras, verónicas, pases de rodillas, manoletinas...

Lupita actúa lo que dice, auxiliada por el sacudidor y la escoba, y se encuentra tan absorta en lo que hace que no se da cuenta de que se abrió la puerta para dar paso a su mamá, una señora muy cargada de razones.

MAMÁ *(Escandalizada.)*: ¡Lupita!

LUPITA *(Feliz. Corre a abrazarla.)*: ¡Qué padre que viniste! ¡Ayúdame a sacarlo en hombros!

MAMÁ: ¿Estás loca? ¿Es ése el comportamiento digno de una señora?

LUPITA: Soy muy feliz, mamá.

MAMÁ: Allí está precisamente tu error. Una señora decente no tiene ningún motivo para ser

feliz... y si lo tiene, lo disimula. Hay que tener en cuenta que su inocencia ha sido mancillada, su pudor violado. Ave de sacrificio, ella acaba de inmolarse para satisfacer los brutales apetitos de la bestia.

LUPITA: ¿Cuál bestia?

MAMÁ: El marido, claro. Y no, no me vayas a salir con que te gustó porque voy a pensar que todos los esfuerzos que hice por educarte fueron vanos. ¡Yo, cosiendo ajeno para pagar las escuelas más caras, los internados más exclusivos! *(Se deja caer en un sillón y se seca una lágrima inexistente.)* ¡Para luego recibir este pago! No lloro, porque de tanto coser ajeno se me secaron los ojos. Pero si pudiera llorar...

LUPITA *(Arrodillándose frente a su madre.)*: Mamá, por favor, no te pongas así.

MAMÁ: ¿Cómo quieres que me ponga cuando veo lo que he visto? ¡Lo que sigo viendo! Mi dinero tirado a la calle, los certificados volviéndose amarillos en las paredes y tú brincoteando como una loca.

LUPITA *(Sin saber exactamente qué actitud tomar.)*: Pero no de gusto, mamá.

MAMÁ: Ah, ¿no? ¿Entonces qué? ¿Era baile de San Vito?

LUPITA: Estaba contenta, mamá, pero no por lo

que tú te imaginas. ¡Dios me libre y me guarde! Estaba contenta porque parece que... parece que estoy esperando.

MAMÁ *(Próxima al soponcio.)*: ¡Jesús, María y José! ¿Esperando? ¿Y en esas fachas? Aflójate inmediatamente el cinturón, antes de que te provoque un aborto. Necesitas una bata. Cómoda. Hay que dejar, desde el principio, que el niño crezca a su gusto. *(Hace lo que dice.)* Así. ¿No te sientes mejor? No, no; te lo estoy viendo en la cara: tienes náusea, una náusea horrible, ¿verdad?

LUPITA: No.

MAMÁ: ¿Cómo te atreves a contradecirme? ¿Quién sabe de estos asuntos: tú o yo? Claro que tienes náusea.

LUPITA: De veras, mamá, no.

MAMÁ *(Comenzando a preocuparse.)*: No puede ser. Pero hay remedio. Vamos a arreglarlo ahora mismo, no te apures. Bébete esto.

LUPITA *(Mirando el vaso lleno de una sustancia de la que desconfía.)*: ¿Qué es?

MAMÁ: Agua tibia con sal.

LUPITA *(Probándolo apenas.)*: Sabe a rayos.

MAMÁ: ¿Y qué querías? ¿Vida y dulzura?

Lupita da unos cuantos tragos, tira el vaso y trata de evitar el espasmo de asco que se apodera de

ella en su carrera al baño. La mamá sonríe, com-
placida.

MAMÁ: Ahora todo está en orden.

Lupita regresa del baño, cadavérica. Se deja caer
en un sillón.

MAMÁ *(Solícita.):* ¿Cómo te sientes, mi vida?
LUPITA: Como un perro.
MAMÁ: ¿Ya ves como no era tan difícil? Es cosa
de voluntad y de hábito. Déjame que te ayude un
poco.

La toma, la despeina, le quita el maquillaje, la
deja hecha un desastre y luego contempla, con
la satisfacción del artista, su obra.

MAMÁ: ¡Qué sorpresa tan maravillosa va a recibir tu marido! No es que yo crea que él se merece
nada pero, a fin de cuentas, él puso su granito de
arena.
LUPITA *(Quejumbrosa.):* Mamá...
MAMÁ *(Dándole los últimos toques para que sea*
un verdadero guiñapo.): Sí, mi reina.
LUPITA: Creo que...

No puede continuar. Ahoga los ruidos que produ-

41

*ce en un pañuelo. A éstos hay que añadir el de la
llave en la cerradura. Entra Juan, satisfecho. Se
detiene un poco al ver a su suegra y en el esfuerzo
que hace por recuperar su expresión amable no se
da cuenta del nuevo aspecto de Lupita.*

JUAN: Santas y muy buenas tardes tengan sus
mercedes.

LUPITA *(Violenta.)*: No te hagas el chistoso. En-
tras hablando así, como si en tu vida hubieras roto
un plato. ¡Irresponsable! ¡Monstruo!

JUAN: ¿Yo?

LUPITA: Sí, tú. Ni modo que sea el vecino de
enfrente.

MAMÁ *(Conciliadora, a Juan.)*: No le haga usted
caso. Es que se siente un poco mal. Como está en
estado...

JUAN *(Tarda un momento en comprender lo
que se le dice y luego reacciona como movido por
un resorte.)*: ¡Lupita! ¡Mi Lupita! *(Cuando va a
abrazarla se detiene porque no la reconoce.)* ¿Qué
te pasa?

LUPITA: No me pasa: me pasó. Una aplanadora,
un tren. Estoy muerta. ¿No me ves? Muerta. Y tú,
más fresco que una lechuga, ¿verdad? Muy cam-
pante. *(Solloza.)* Si no hubiera sido por mamá...

JUAN *(A la mamá, alarmado.)*: ¿Está delicada?

MAMÁ: Muy, muy delicada.

JUAN: Habrá que llamar a un médico, a una ambulancia...

LUPITA *(Furiosa.)*: Lo que sea con tal de que yo desaparezca del mapa y deje de molestarte, ¿no?

JUAN: No me interpretes mal, mi vida. Pero entiende mi situación. Me agarraste completamente en curva. Cuando salí esta mañana para el trabajo no tenía la menor idea y ahora... Además, recuerda que ésta es la primera vez que yo voy a ser padre. Es, como quien dice, mi debut.

LUPITA: ¿Y yo qué? ¿Soy una veterana en el oficio? ¿Cuántos hijos malhabidos me conoces? ¿Eh? ¡Dime, cuántos! ¡Egoísta! ¡Infecto!

MAMÁ: Calma, calma, no se peleen. Es por el bien del niño.

JUAN *(Resentido.)*: Pero... no entiendo. ¿Por qué me odia así? ¿Qué tiene?

MAMÁ: Antojos.

JUAN: ¿Antojos?

MAMÁ: Y si no se cumplen inmediata y escrupulosamente, el niño va a nacer muy mal. Con una mancha en la cara, con labio leporino...

JUAN: ¡No lo permita Dios! Lupita, por favor, rápido, dime, rápido, qué es lo que se te antoja para ir a traértelo, pero de inmediato, o antes si es posible.

LUPITA *(Lánguida y condescendiente.)*: Nieve de limón.

Juan le besa las manos con gratitud y se dispone a salir disparado, pero lo detiene la mamá.

MAMÁ: ¿Nieve de limón? Eso no es un antojo. Eso es una estupidez. La nieve de limón se consigue en cualquier esquina. Además el limón es malo. Corta la sangre.

LUPITA *(Aterrorizada.)*: ¡No!

JUAN: ¿Entonces?

LUPITA *(A la mamá.)*: Dile tú.

MAMÁ: Lo más indicado en estos casos es pedir trufas.

JUAN: ¿Qué son trufas?

MAMÁ: ¿Y yo qué voy a saber? Mi marido, que en paz descanse, nunca dio con ellas.

JUAN: Entonces, Lupita... Déjame verte el labio. *(Lupita le saca la lengua.)* No se le nota nada.

MAMÁ *(Impertérrita ante este despliegue de lógica masculina, tan despreciable si se la compara con el atavismo y la intuición de la mujer.)*: Ah, pero eso sí, lo que es por buscarlas, mi pobre difunto no paró. De día y de noche durante los nueve meses del embarazo. Y Lupita nació buena y sana. Lo que cuenta es la intención.

LUPITA *(A Juan.)*: Ándale, mi vida, córrele.

JUAN: Pero adónde... No tengo la menor idea. Por lo menos díganme, ¿las trufas se comen?

MAMÁ *(Enigmática.)*: Esas preguntas, joven, sólo las responde la experiencia.

JUAN *(Sin alternativa.)*: Adiós, Lupita.

LUPITA: Chao, mi amor.

JUAN: Tal vez no nos veamos en mucho, mucho tiempo.

LUPITA: Te esperaré siempre.

JUAN: ¿Para cuándo, más o menos, se calcula el desenlace?

MAMÁ: Cuestión de meses, joven. Y píquele si quiere estar presente a la hora de la hora. *(Sale Juan.)*

MAMÁ *(Poniéndose cómoda.)*: Bueno, ahora que, por fin, nos han dejado tranquilas, vamos a tener una larga, muy larga plática, de mujer a mujer. Voy a explicarte, con todos los detalles, qué es lo que va a sucederte. *(El sonido de la voz de la madre se pierde entre el estruendo de truenos y relámpagos de una tempestad desatada. De pronto sobreviene el silencio y se escucha la voz de la mamá que dice:)* Como ves, no hay felicidad comparable a la de ser madre, Lupita. Aunque te cueste, como en muchos casos, la vida. Y siempre, la

45

juventud y la belleza. Ah, pero ser madre... ser madre...

Oscuro.

LA CRUDA REALIDAD

Sala de recibir de un matrimonio de la clase media. Los muebles comienzan a deteriorarse por la agresividad constante de los niños y la infructuosa lucha del ama de casa por mantenerlos "presentables". El ama de casa, Lupita, acaba de perder un round más en esta pelea desigual y se recupera sentándose en el sillón más cómodo. Su aspecto físico hace juego con el de los muebles. Tubos en la cabeza, cara embarrada de crema rejuvenecedora, bata que conoció mejores días. Para hacerse la ilusión de que descansa se pone a leer una revista para mujeres y come chocolates que no van a contribuir a mejorar su aspecto. En el cuarto contiguo se oye el ruido de dos niños —varón y hembrecita, como se dice— que pelean. Mechudos y sucios, se asoman alternativa y fugazmente.

Lupita II: ¡Mamá! ¡Juanito me pellizcó!
Lupita I *(Sin interrumpir su lectura ni dejar de*

satisfacer su gula.): Rasgúñalo tú para que queden parejos.

Se oye de inmediato un alarido, y aparece Juanito.

JUANITO: ¡Mamá! ¡Lupita me rasguñó!
LUPITA I: Pellízcala. ¿Qué no se te ocurre nada? *(Juanito se marcha y cumple la orden. Sobreviene el alarido correspondiente.)* Si no tuvieran a quién salir no podría yo creer que mis hijos fueran un par de tarados. Todo hay que decírselo. Que si come, que si no te asomes a la ventana que te vas a caer, que si báñate, que si... Como si yo no tuviera cosas más importantes que hacer que atenderlos. *(Leyendo en voz alta la revista.)* "La educación de los hijos es un asunto muy delicado que no puede dejarse en manos de cualquiera." *(Sin transición Lupita continúa su monólogo entrecortado de chocolate.)* ¡Dios me libre de la nana que los malcría o del kinder que los vuelve desamorados! La que tiene que sacrificarse es la madre. La madre, que aceptó la responsabilidad completa. De los hijos. Y también de la casa. Gracias a Dios, la mía es una tacita de plata. *(Como iluminados por un relámpago, se ven fantasmas de amigas que husmean, que pasan el dedo sobre las superficies y que todo lo encuentran infecto. Hacen un gesto*

de repugnancia y se desvanecen.) Ni una brizna de polvo. Y en cuanto a mi persona, no he descuidado jamás mi apariencia. ¿Qué retiene al marido sino una mujer siempre bien arreglada, siempre esbelta, lucidora? Por eso es que mi pobre Juan está cada día más enamorado de mí. Todas las semanas, es infalible como el Papa, me regala un ramo de flores. Cuando no es un ramo de flores, es una alhajita. Dicen que según el sapo, así es la pedrada. *(Timbre de la puerta. Es un mensajero que deposita un paquete minúsculo en la mano del ama de casa. Lupita firma el recibo, no da propina, cierra la puerta en las narices del mensajero y busca la tarjeta. Lee.)* "Para mi gatita de su Micifuz." ¡Qué chistoso! Juan nunca me había llamado su gatita. ¡Ay, los hombres son tan caprichosos! *(Desenvuelve el paquete y saca un bikini, inverosímil por su tamaño. Lo contempla estupefacta.)* Bueno, aquí ha habido una equivocación, porque lo que es yo *(midiéndose el bikini sobre la ropa)* ni en sueños. Hablaré con la secretaria de mi Juan, que es la encargada de mandarme los regalos. *(Lupita va al teléfono, marca un número.)* ¿Bueno? Sí, señorita. Aquí la señora Pérez. Sí, para llamarle la atención sobre un envío que acabo de recibir. No, no, no, no. Lo del bikini me parece muy buena idea. Pero la talla... Es demasiado grande para

mí. Enorme. ¿Podría usted arreglar el cambio en la tienda? Yo sé que con la ropa es muy difícil, pero cuando se trata de una equivocación tan palpable... ¿Qué le pasa? ¿De dónde me sale usted llamándome también Gatita? Yo soy la señora de Pérez. La legítima, ¿comprende? ¿Quiere usted hacerme el favor de explicarme lo que me dijo? ¿Bueno? ¿Bueno? (*Cuelga, furiosa.*) Se cortó la comunicación.

Oscuro. Sobre el telón de fondo se proyecta una película muda que ilustra el corrido que va a cantarse a continuación:

Año del 73,
muy presente tengo yo:
en el Edificio Aristos
una hecatombe ocurrió.

Cuquita la secretaria
escribía con afán
cuando entró por la ventana
la mera mujer de Juan.

Al grito de "Mueran todas
las de talla treinta y dos",
sobre el pecho de Cuquita
la pistola descargó.

Vinieron los policías,
la quisieron desarmar,
pero ella no se dio presa
hasta no matar a Juan.

Por traidor y mujeriego
aquí su vida acabó;
porque jugó a dos barajas
y con ninguna ganó.

Vuela, vuela palomita,
sube y baja, elevador,
que corra de boca en boca
la historia de un seductor

que se topó con pader
y con su vida pagó
todas las humillaciones
de las que entregan su amor.

Aquí termina la historia
y que sirva de escarmiento,
pues como dice el refrán,
quien hace un muerto, hace ciento.

*Oscuro. Al iluminarse el escenario aparece un vo-
ceador.*

VOCEADOR: ¡Extra! ¡Extra! "Lo maté por amor, declara la autoviuda..." ¡Extra! ¡Extra! *(Los transeúntes compran el periódico, leen con avidez los encabezados y comentan excitadamente entre sí.)*

"El triángulo fatal..." "¿Secretaria o amante?" "Mis hijos llorarán un padre muerto, pero no maldecirán un marido traidor."

Oscuro. La luz se abre a una pantalla de televisión. El rostro del locutor la ocupa entera.

LOCUTOR: Señoras y señores: esta noche suspendemos nuestras predicciones meteorológicas para dar paso a una noticia de palpitante actualidad. Su reportero, ansioso siempre de servir al amable auditorio, al precio que sea, ha conseguido una entrevista exclusiva y, hasta ahora, única, con la sensacional Lupita, la autoviuda con escalo, la que mató por amor, la que se enfrentó con los cuernos del dilema: ¿secretaria o amante? La que se sacrificó por sus hijos haciéndolos llorar hoy a un padre muerto, y no maldecir mañana a un marido traidor. Pero ¿para qué seguir? ¿Quién no conoce la historia? Señoras y señores... con ustedes... ¡L U P I T A la única...!

51

*La cámara enfoca a una Lupita glamorosa, sofisti-
cada y triunfante.*

Locutor: Lupita, no necesitamos preguntarle
cómo está usted, porque eso salta a la vista. Está
usted buena, ¡pero rete-que-buena!

Lupita *(Arreglándose provocativamente la fal-
da.)*: Yo no entiendo los albures, señor, así que
puede usted seguirlos haciendo. Lo que es por
mí...

Locutor: Díganos, Lupita, en plan de primi-
cia: ¿tiene usted algún plan para el futuro?

Lupita: Pues en cuanto termine el juicio, con
la absolución del juez, tengo que cumplir una
manda: entrar de rodillas a la Basílica de Nuestra
Morenita del Tepeyac, por la protección que me
ha brindado y porque me salvó de tan grave peligro como el que he corrido.

Locutor *(Al público.)*: Eso prueba, una vez
más, que Lupita encarna el arquetipo de la mujer mexicana: sufrida, abnegada, devota. *(A Lupita.)* ¿Y después?

Lupita *(Displicente.)*: Tengo que decidir entre
varias ofertas. Los productores de cine quieren
que yo actúe como la protagonista de mi propio
drama.

LOCUTOR: Prácticamente es un lanzamiento al estrellato.

LUPITA: Pero los scripts son tan... ¿cómo le diré? Hasta ahora ninguno me parece convincente.

LOCUTOR: ¿Cuál es su propia versión de los acontecimientos?

LUPITA *(Adecuadamente nostálgica.)*: Juan, mi marido, y yo éramos tan felices... Comíamos en casa de mi mamá los domingos. Íbamos al cine una vez a la semana y a Acapulco en las vacaciones de Navidad. Habíamos pagado el enganche de nuestra casita en el fraccionamiento...

LOCUTOR: Por favor, no diga el nombre, que aquí no hacemos propaganda gratis.

LUPITA: Bueno, en un fraccionamiento que está muy de moda y que da unas facilidades...

LOCUTOR *(Reprochándola.)*: Lupita...

LUPITA: ...y de pronto... *(Pausa expectante.)* De pronto el dueño del fraccionamiento se declaró en quiebra.

LOCUTOR: ¿Y por qué no lo mató usted?

LUPITA: ¿Por qué tenía yo que matarlo? Ése era un asunto de hombres. Además, yo no estaba enamorada de él.

LOCUTOR: Tampoco estaba usted enamorada de la secretaria.

53

LUPITA *(Confidencial.)*: ¿Quiere que le diga la verdad, la mera verdad? A ella la maté por fea.

LOCUTOR *(Recordando.)*: Bueno, en realidad no estaba tan mal.

LUPITA: ¿No? *(Saca unas fotos de su bolsa y se las enseña al locutor.)* No me diga que podía competir conmigo.

LOCUTOR *(Examinando las fotos con cuidado y rindiéndose a la evidencia.)*: Bueno, en realidad no se ve muy seductora que digamos. Pero hay que tener en cuenta que estas fotos las tomaron en el Depósito de Cadáveres, después de la autopsia.

LUPITA: ¿Y eso le parece una disculpa suficiente? Dime cómo mueres y te diré quién eres. Ella nunca tuvo la menor idea de cómo arreglarse. Los resultados saltan a la vista.

LOCUTOR: Y sin embargo, esta mujer —a la que usted tan justificadamente desprecia— le robó al marido. ¿Cómo se explica usted aberración semejante?

LUPITA: De nada me sirve presumir de bonita, porque todos sabemos muy bien que la belleza es algo efímero y que carece de importancia. Cuando una mujer es horrible siempre se le llama virtuosa.

LOCUTOR: Entonces ella era virtuosa.

LUPITA: ¿Virtuosa? ¿Una adúltera? ¿Está usted

loco? ¿Por qué no suspenden este programa tan inmoral? ¿Es que no existe la censura contra todo lo que atenta contra las buenas costumbres?

Locutor: Comprendemos que sus nervios están un poco alterados, pero la pregunta sigue en pie. ¿Cuál es la explicación de la conducta de su marido?

Lupita: Obvia. La secretaria carecía de atributos, tanto físicos como morales. Luego entonces le dio un bebedizo.

Locutor: ¿Cuál?

Lupita: Podría dar la receta, pero no sin antes advertir que la patente se encuentra ya en trámite.

Locutor: Estimado público, Lupita va a revelarles uno de sus secretos; adelante, Lupita.

Lupita: Se ponen a hervir las cintas viejas de la máquina y se mezclan con tres cuartos de una botella familiar de...

Locutor: Por favor, sin mencionar nombres.

Lupita: Pero es que es un ingrediente indispensable.

Locutor: Dejémoslo a la imaginación de nuestros oyentes.

Lupita: ¿Podemos decir, al menos, que el refresco tiene cola?

Locutor: ¡Vaya! Hasta que se salió con la suya.

Lupita: Se le añaden cinco gotas diarias al café

de las once, y ya está. No hay jefe que resista. Juan no podía ser la excepción. En realidad, el pobre no servía para confirmar ninguna regla.

Locutor: ¿Tiene usted testigos?

Lupita: ¿De que no servía para confirmar ninguna regla?

Locutor: No, de que tomaba el bebedizo.

Lupita: Ah, también: todo el personal de la oficina. Y el conserje del edificio, que es una autoridad en magia negra. Y no es que yo tenga prejuicios raciales, pero luché con todas mis fuerzas contra ese maleficio: tuve ataques de histeria, llevé a mamá a que viviera con nosotros, para que fuera testigo y juez de lo que pasaba; pagué a un detective privado para que vigilara los malos pasos de mi marido. Le hice las tres advertencias de rigor. ¿Y qué cree usted? Todo fue inútil. No me quedaba mas que hacer lo que hice. ¿Usted qué habría hecho en mi lugar? *(La pregunta va dirigida al auditorio invisible. Oscuro.)*

CREPUSCULARIO

La luz se abre a la misma sala de estar de Lupita, sólo que puesta al día. Lo que significa que los muebles, después de tantos años, han dejado de parecer viejos para adquirir la categoría de anti-

guos. Hay dos focos de atención de este sitio: la jaula del perico y la pantalla de la televisión, en la que se ve el rostro interrogante de Lupita. De una silla se levanta, en pantuflas, pelo gris, gorda y fodonga, la misma Lupita, sólo que mucho más vieja y con la marca imborrable de la vida de hogar. Apaga el aparato desganadamente y prende la luz. Mientras la imagen se borra se continúa oyendo la interrogación: "¿Usted qué habría hecho en mi lugar?"

LUPITA: Lo que yo habría hecho en su lugar... Lo que hago siempre: un soufflé.

LUPITA II: ¡Ay, mamá qué anticuada eres! Lo que se usa ahora es hacer yoga.

PERICO: ¡Ay, hija, qué anticuada eres! Lo que se usa ahora es hacer judo.

LUPITA: En todo caso, no hay la menor necesidad de matar al marido. Digo, matarlo de a tiro. ¡Es tan fácil hacerlo con cuchillito de palo!

LUPITA II: Facilísimo. Pero ¿quién te saca en el periódico y quién te hace entrevistas en la tele y quién te contrata para el cine?

LUPITA: La virtud, hija mía, no hace alardes.

PERICO: Sólo fiestas de beneficencia.

LUPITA: Además, qué maneras de exhibirse esa

mujer, con tamaña minifalda. ¿Quién va a creer que es decente?

LUPITA II: ¿No es aburridísimo?

Las dos preparan la mesa para la merienda.

LUPITA: ¿Aburridísimo ser decente? Nunca había yo pensado en eso. Sí, creo que sí; pero tiene sus compensaciones.

LUPITA II: En el cielo, supongo.

LUPITA: Y aquí también, no te creas.

LUPITA II: ¿Como qué?

LUPITA: Te dicen "señora", y nadie te ve nunca con lástima, con burla o con desconfianza, como a las solteronas.

LUPITA II: ¿Quién te ve? Estás siempre encerrada.

LUPITA: Pues el abarrotero, el tintorero, el lechero, el cartero...

LUPITA II: ¡Qué auditorio tan distinguido!

LUPITA (*Haciendo un esfuerzo por elevar la categoría.*): El abogado, el médico de la familia, la gente visible, en fin.

PERICO: Son visibles, luego ven.

LUPITA II: ¿Y cómo te ven?

LUPITA: Como si fueras una santa.

PERICO (*Cantando.*): "Que murmuren... no me importa para nada que murmuren..."

LUPITA II: Pero una mirada, una palabra de quienes ni siquiera conoces... Es pagar muy caro.

LUPITA (*Intencionadamente.*): Hay otras cosas más íntimas, duraderas, que no se pagan con nada.

LUPITA II (*Con malsana curiosidad.*): ¿Sí? ¿Cuáles?

PERICO: Tres días de semana santa en Veracruz; de cuando en cuando un cine de piojito, con muéganos y, si repican muy recio, una tanda de tacos al carbón.

LUPITA (*Al perico.*): ¿Qué dijiste, muchacho grosero? ¿Tacos al carbón? Ya quisieras. ¡Merienda en Sanborn's!

LUPITA II (*Con aire decidido.*): Mamá, definitivamente, no me caso.

LUPITA (*Insistiendo.*): Merienda en Sanborn's. Con los niños y la mamá y la prima que vino de Aguascalientes.

LUPITA II: ¡No me caso!

LUPITA: ¿Y te parece poco ir de día de campo? ¿Y remar en el lago de Chapultepec los domingos?

LUPITA II: Es lo que he hecho desde que nací. Yo lo que quiero es que las cosas cambien, que algo cambie.

Lupita (*Sentenciosa.*): Siempre que algo cambia es para empeorar.

Lupita II: ¿Cómo lo sabes?

Lupita: ¿No he lidiado con criadas toda mi vida? Fueron empeorando y empeorando hasta que se acabaron. Ahora tenemos que hacer el trabajo nosotras.

Perico: "Empresa importante solicita señorita bien presentada, buen sueldo, perspectivas porvenir."

Lupita: A lo mejor te casas con el jefe. O con el hijo del jefe, si el jefe es muy viejo.

Lupita II: Jefe, hijo, viejo. ¡Cuántas jotas! A lo mejor doy una vuelta al mundo en uno de esos tours de "viaje ahora y pague después".

Lupita: Viaje también tiene jota.

Lupita II: No hay nada perfecto, pero algo es algo.

Lupita: Nada. ¿Qué hay en el mundo sino gente que ni te conoce, que ni sabe si estás estrenando vestido, ni si eres sufrida o liviana...?

Perico: Y eso que el mundo es un pañuelo. ¡Qué diría del universo, que es infinito!

Lupita II: ¿Y si yo entrara en la Universidad?

Lupita: ¿Estás loca? ¿A ese nido de comunistas?

Lupita II: ¿Qué tiene de malo ser comunista?

Lupita: ¡Que te vas al infierno!

LUPITA II: ¿Y si no hay infierno?

LUPITA: ¿Te atreves a dudarlo después de lo que pasa?

PERICO: Entre el infierno y la vida doméstica no hay mas que una diferencia de grado. Pero el grado puede ser sobre cero. Todo depende. El optimista ve el vaso medio lleno; el pesimista lo ve medio vacío.

LUPITA: De todos modos, yo no te voy a dejar ir.

LUPITA II: ¿Al infierno? Si ya estoy en él.

LUPITA: A la Universidad. ¡Sobre mi cadáver!

PERICO: No le des ideas.

LUPITA II: ¿Se puede saber por qué?

LUPITA: Porque no vas a ser distinta de lo que fui yo. Como yo no fui distinta de mi madre. Ni mi madre distinta de mi abuela.

PERICO: Esta Lupita es una maniática de la inmutabilidad. Personas, tiempos, modos. Si por ella fuera no habría historia. "Ah, Zenón, cruel Zenón, Zenón de Elea."

LUPITA: Y si no me obedeces por las buenas, le diré a tu hermano que te vigile para que no salgas.

LUPITA II: ¿Y si de todos modos salgo?

LUPITA: Le voy a pedir a tu papá que intervenga. Y ellos me apoyarán para que tú te portes como debe ser.

LUPITA II: Soy una persona. . .

LUPITA: Ni más ni mejor de lo que yo fui.

LUPITA II: Tengo derecho a...

LUPITA: Ni más inteligente.

LUPITA II: Quiero vivir mi vida.

LUPITA: Ni más libre.

LUPITA II: ¡Quiero ser feliz!

LUPITA: Ni más feliz.

PERICO *(Suspirando.):* ¡No hay nada comparable al amor maternal!

Oscuro.

APOTEOSIS

La luz vuelve a abrirse a la misma sala de estar, sobre la que han pasado otros años, con los cambios que eso implica y el deterioro que muestra. Sentada en una mecedora y escuchando apaciblemente el radio, mientras acaricia al gato que duerme en su regazo, vemos a Lupita convertida, por fin, en una típica cabecita blanca. Para ser Sara García no le falta mas que hablar. El reloj de pared suena unas campanadas y Lupita se sobresalta. Tira el gato al suelo, apaga el radio y exclama:

LUPITA: ¡Dios mío! Es la hora de mi jarabe.

Se quita la peluca blanca y la bata detrás de un

biombo y vuelve a aparecer en traje de china po-
blana. Saca un sombrero de charro y se pone a
zapatear en sus orillas al son del jarabe tapatío.
Mientras baila, canta.

LUPITA: Estoy bailando sobre tu tumba, Juanito. De la que no puedes salir a hacerme la vida de
cuadros. *(Mimando la acción de lo que dice.)* "¿Ha
hervido lo suficiente el caldo? ¡Le falta sal! ¡El
sazón! ¡El sazón! Ay, cuándo se va a comparar tu
mano con la de mi santa madre, que Dios tenga
en su santa gloria." Pero ahora, Juanito, ya estás
junto a ella, prendido de sus faldas, como siempre, aunque no creo que eso sea en la santa gloria,
sino en los apretados infiernos, que es donde les
corresponde. Y en cuanto a mí, ¡uy-jay-jay! China
libre. Con lo de tu seguro de vida y tu pensión, la
paso regiamente. Date una vueltecita de vez en
cuando por la casa. No la vas a reconocer. La arre-
glé como se me pegó la gana *a mí.* Como si jamás
hubieras existido ni tenido opiniones. Y la cama
es mía, completamente mía, y en las noches me doy
vuelo rodando de izquierda a derecha y de derecha
a izquierda y no me topo... con lo que me to-
paba cuando estabas allí. Y duermo a pierna suelta; sin preocuparme de si vendrá o si no vendrá el
señor; ni de si ya te estrellaste en cualquier es-

63

quina por andar manejando borracho. Y nadie me deja ya vestida y alborotada para ir al cine porque hubo una junta de negocios. Y nadie se olvida de mi cumpleaños, ni del aniversario de bodas, ni pone pretextos para no asistir a la fiesta de graduación de los hijos. Y en cuanto a los hijos, cumplí con mi deber de colocarlos. La potranca me resultó medio cerrera, pero no pudo conmigo, y ahora Juanito y Lupita están, cada quien por su lado, bien establecidos, respetables. ¡Ay, por fin, me los quité de encima! Me vienen a ver de cuando en cuando para que yo cuide a los nietos. Yo los cuido, naturalmente; los apapacho y los consiento de tal manera que, cuando vuelven con sus papás, están insoportables. Así quedamos a mano.

Lupita sigue bailando, echando vivas y con ánimo de juerga, hasta que tocan a la puerta. Con una celeridad impropia de sus años va detrás del biombo y vuelve a disfrazarse de cabecita blanca. Se sienta en un sillón y recupera el gato, al que duerme ipso facto. Cuando la escena está lista, responde con voz cascada.

Lupita: Adelante.

Se abre la puerta y entra una horda de camaró-

grafos, mariachis, animadores, etc. Tocan las ma-
ñanitas.

CORO: Estas son las mañanitas
que cantaba el rey David,
a las cabecitas blancas
se las cantamos aquí.

ANIMADOR *(Micrófono en ristre.)*: Señoras y señores, querido auditorio: en este día consagrado
a la exaltación del amor más sublime, de la misión
más desinteresada, en este Día de las Madres,
hemos querido tener el privilegio de introducirnos
en el seno de un hogar en el que se conservan las
más caras esencias de la mexicanidad. Un hogar
en el que nuestra idiosincrasia se pone de mani-
fiesto. Un hogar que es, al mismo tiempo, cifra y
espejo de todos los hogares. El hogar de la señora... *(A Lupita.)* Señora ¿querría presentarse usted misma al culto auditorio que nos hace el favor
de escucharnos?

LUPITA *(Modosa.)*: Con muchísimo gusto. Soy
Guadalupe S. viuda de Pérez, para servir a Dios
y a ustedes.

ANIMADOR: ¡Muy bien contestado! ¡Perfectamente bien contestado! Lupita, por haber contestado tan acertadamente nuestra primera pregunta,

se ha ganado usted un premio cedido por la Perfumería París, cuyos productos huelen... y huelen bien. He aquí un maravilloso, un estupendo frasco de brillantina para el pelo. Un frasco de brillantina que limpia, fija y da esplendor. Lupita ¿querría usted agradecer este regalo de la Perfumería París, cuyos productos huelen... y huelen bien, al público que tiene la bondad de escucharnos?

LUPITA: Agradezco mucho... *(Se atora.)*

ANIMADOR: ...a la Perfumería París, cuyos productos huelen... y huelen bien...

LUPITA: ...y huelen bien...

ANIMADOR: ¡Bravo! ¡Qué memoria! Conserva intactas sus facultades. Es asombroso a su edad.

LUPITA: ...por este inmerecido obsequio.

ANIMADOR: ¿Inmerecido? La que nos amó antes de conocernos se lo merece todo. Por eso "Latex, la casa que acaba con las latas porque tiene un surtido completo de latas", le regala a usted estas sopitas, estas salsitas, estas mermeladitas... Señora, déjese de latas, abra una lata. Latex le proporciona a usted todo lo que su cocina necesita. ¿Latas? No. Latex.

LUPITA *(Que empieza a estar rodeada de los objetos que se acumulan en torno suyo, embobada*

por lo que ocurre.): ¡Qué bonito! Pero realmente, no sé... Es demasiado. Como soy sola...

ANIMADOR: ¿Sola? La soledad no existe para quien, como usted, ha pagado su deuda con la naturaleza y con la sociedad al convertirse en madre. La soledad no existe para quien se ha sacrificado por los otros. Sus hijos, señora, la acompañan... en espíritu.

LUPITA: ¿Fueron mis hijos los que los enviaron a ustedes aquí?

ANIMADOR: No, señora. Este evento ha sido organizado por la cadena de tiendas A.B.C. A: adquiera. B: buenas. C: cosas. Usted resultó vencedora del concurso A.B.C. Adquiera buenas cosas.

LUPITA: ¿Gané el concurso de la mejor madre mexicana?

ANIMADOR: No, Lupita. Eso habría sido imposible. ¡Todas, absolutamente todas y cada una de las madres mexicanas son mejores!

LUPITA: ¿Mejores que quién?

ANIMADOR: Que las que no son madres o que las que, siéndolo, no son mexicanas. Es sencillísimo.

LUPITA: Gané el concurso de la madre más popular, entonces.

ANIMADOR: La madre más popular, señora, es la que inmortalizó en sus versos de oro el vate Gui-

67

llermo Aguirre y Fierro, cuyo "Brindis del Bohe-
mio" nos va a ser recitado por el mago del micrófono, Pedrito Mora. Pedrito... ¡a la reja con todo
y chivas!

PEDRITO: Muchas gracias, señoras y señores, selecto auditorio, Lupita, voy a tener el honor...
de decir para ustedes... para usted... los senti-
dos versos...

LUPITA *(Arrebatada.)*: ¡Qué bonito habla! ¡Parece música!

PEDRITO: En torno de una mesa de cantina,...
etcétera.

*Mientras Pedrito se despepita, Lupita quiere salir
de dudas.*

LUPITA *(Al animador)*: Entonces, ¿quién me
eligió?

ANIMADOR: No fue una elección, fue una rifa.
Usted resultó agraciada por ser la poseedora del
número...

PEDRITO: ...brindo por la mujer, mas no por
esa...

LUPITA *(Desengañada.)*: ¿Una rifa?

ANIMADOR: Sí; ¡suerte, abuelita, suerte!

Mientras Pedrito se desgañita y el animador ex-

*plica y Lupita insiste, se descargan encima de ella
licuadoras, lavadoras, estufas, pasteles que forman
una pirámide que la sepulta. Encima de la cúspide
hay un pastel con una velita. Lupita, sintiendo que
se asfixia, clama desde lo profundo del abismo.*

LUPITA: ¡Auxilio! ¡Socorro! ¡Sáquenme de aquí!
¡Me ahogo! Me ahogo... Auxilio... Socorro...

*Oscuro. Al prenderse la luz, estamos de nuevo en
el salón de belleza. La dueña y la peinadora corren
a desconectar el secador bajo el cual se encontraba
Lupita y la ayudan a salir. Tambaleándose, soste-
nida por sus salvadoras, exclama:*

LUPITA: ¡Qué pesadilla más horrible! Nunca lo
hubiera creído... Horrible... pesadilla... horrible...

T E L Ó N

69

SEGUNDO ACTO

No hay solución de continuidad entre el acto anterior y el que sigue. Es el mismo salón de belleza, las mismas clientes, la dueña y la peinadora. Todas tratan de calmar a Lupita, que está tomando una taza de té con piquete, por aquello del susto. Aprovechando la alharaca femenina, la dueña le dice a la peinadora:

DUEÑA: Ándale, apúrale. Quita del secador esa porquería con la que nos vino a atravesar ese tal por cual de agente.

La peinadora finge obedecer pero, después de cer-

ciorarse de la distracción de la dueña, no quita el dispositivo electrónico, sino únicamente lo cambia para que produzca otros sueños.

LUPITA *(Que ha transitado de la excitación al fatalismo.):* Tenía que ocurrirme esto precisamente hoy.

DUEÑA *(Benévola.):* Es natural. Tiene usted los "nervios de estreno", como dicen los artistas.

LUPITA *(Depositando su taza de té.):* Sin albures ¿eh? O cuando regrese del viaje de bodas no les cuento nada.

CLIENTE 1: No hay nada nuevo bajo el sol, querida. Y mucho menos bajo el sol de Acapulco.

CLIENTE 2: Muy vivida ¿no?

CLIENTE 1 *(Como quien arroja un as de triunfo.):* Divorciada tres veces.

LUPITA *(En el colmo del pasmo.):* ¡Casada tres veces!

CLIENTE 2: El caso clásico del optimista y del pesimista. El optimista ve el vaso medio lleno y el pesimista lo ve medio vacío.

LUPITA: ¡Tres veces! Y yo que tengo que casarme hoy por la primera no puedo ni acabar de peinarme. *(La peinadora la conduce de nuevo al secador y la ayuda a acomodarse.)* Esta vez sí no me voy a dormir. Ya estuvo suave de malos sueños.

Después de esta rotunda promesa se ve cómo Lupita lucha contra la somnolencia que la invade. Poco a poco se deja vencer por una fuerza superior a la suya, y se entrega a un estado que ha de ser placentero si se juzga por la expresión de su cara y el relajamiento de su cuerpo. Las luces y las imágenes del salón se desvanecen con lentitud y, de pronto, vemos a Lupita en una feria con sus juegos, sus merolicos y sus exhibiciones de monstruos. Lupita, que va comiendo una paleta, se detiene ante una carpa de vivos colores y llamativos anuncios dibujados por un pintor ingenuo. A la entrada anuncia el merolico.

MEROLICO: Señoras, señores, distinguido público, ¡pasen, pasen a ver el fenómeno más extraordinario del mundo: la Mujer que se volvió Serpiente por desobediente! Señora, muéstrele usted este ejemplo a su hija, para que se enseñe a ser dócil. Joven, pase usted a mirarse en este espejo de cuerpo entero. Distinguido público: éste es un espectáculo para toda la familia, un espectáculo recomendado por las autoridades, tanto eclesiásticas como civiles. Un espectáculo en el que se combinan la diversión y la enseñanza de los sagrados principios morales. Diviértase y haga patria, ayudando a preservar las sacrosantas tradiciones de las

que se nutre nuestra idiosincrasia. Por un peso ¡fíjese usted bien, por un solo peso! usted lo consigue todo: distracción sana y protección segura contra las ideas exóticas. ¿Cuántos boletos? ¿Cuántos? ¿Quién dijo yo?

La gente, que huye por principio de todo lo que sea didáctico, comienza a dispersarse y sólo queda Lupita; paga su entrada y tiene acceso al interior de la carpa. Hay en ella una representación de lo que comúnmente se entiende como paraíso: un ameno jardín, con arroyuelos murmuradores, un manzano y una mujer cubierta con mallas escamosas que dormita hasta que un "spot" de luz la despierta. Deslumbrada, alza el rostro y escruta a lo que debería ser el público. Cuando descubre que no hay nadie más que Lupita da un gran bostezo.

EVA: No se puede decir que éste sea un éxito.

LUPITA *(Apenada.)*: Si usted no cree que valga la pena molestarse por mí y quiere suspender la función...

EVA: Oh, no. Tengo demasiada conciencia profesional para hacer eso. ¿A qué atribuirías tú esta falta de público?

LUPITA: Hay mucha competencia.

Eva: Eso ha de ser. Porque mi historia no ha dejado de ser interesante. Al contrario. Con esto del *Women's Lib* yo ando como chicle, de boca en boca. Unos me exaltan, otros me maldicen, pero nadie me olvida. En lo que a mí concierne, nunca he estado más en forma que hoy. Es el momento oportuno para... Pero mi mánager es un irresponsable: firma contratos con el primero que pasa y se desentiende por completo de la propaganda. En tales circunstancias es un milagro que *tú* estés aquí. Un verdadero milagro. *(Pausa que Lupita no sabe cómo romper.)* Desde hace siglos he soñado con alguien a quien contarle la verdadera historia de la pérdida del Paraíso, no esa versión para retrasados mentales que ha usurpado a la verdad. Tal vez tú... ¿Eres curiosa?

Lupita: Si no lo fuera no estaría yo aquí.

Eva: Hmmm. Esa respuesta me huele a frase célebre. Pero, en fin, no se puede exigir mucho. Comenzaremos.

Eva se despoja de la malla escamosa y le queda otra de color carne. Va a sentarse, con un aire de total aburrimiento, debajo del manzano. Adán, también en mallas que insinúan su desnudez, aparece. Con un aire de maestro rural amonesta a Eva.

ADÁN: . . . y no lo olvides: tú te llamas Eva. Repítelo: Eva.

EVA: ¿Por qué?

ADÁN *(Confundido y, naturalmente, airado.)*: ¿Cómo que por qué? Esas preguntas no las hace una mujer decente. Obedece y ya.

EVA: No veo la razón.

ADÁN *(Que tampoco la ve. Para disimular.)*: Te encanta llevar la contraria, hacerte la interesante. ¿Por qué no sigues el ejemplo de los demás? Mira. *(Actuando lo que dice.)* Tú te llamas árbol. Á-r-b-o-l. Y tú, hormiga. H-o-r-m-i-g-a. Con h, aunque la h es muda.

EVA: No oigo que nadie responda nada.

ADÁN: Es eso precisamente lo que quiero que aprendas. A no replicar.

EVA: ¿Cómo quieres que replique un árbol o una hormiga si son mudos? Así qué chiste. ¿Por qué no hablas con el perico? Porque él sí te puede contestar, ¿verdad?

ADÁN *(Herido pero generoso.)*: ¡Qué equivocada estás, querida, qué equivocada! Yo no hablo con las cosas ni con los animales. Eso sería rebajar mi nivel. Ni siquiera hablo contigo.

EVA: Eso sería elevar tu nivel.

ADÁN: ¡No seas insolente!

EVA: No se trata de insolencia, sino de lógica.

¿Con quién hablas entonces?

Adán: No hablo *con,* hablo *para.* Mi interlocutora es la posteridad.

Eva: ¿Quieres decir que hablas para nuestros tataranietos?

Adán: Por favor, mujer, no seas prosaica. Yo pongo el problema en el plano del espíritu y tú lo reduces a los más vulgares elementos biológicos.

Eva: Sin ellos, sin mi colaboración, quiero decir, ¿quién sería tu auditorio?

Adán: La eternidad. Dios.

Eva: ¿Jehová?

Adán: Él puede crear seres de la nada. A mí me formó con barro y a ti...

Eva: Sí, ya sé, no me lo repitas. A mí me hizo con una de tus costillas.

Adán: ¿Lo ves? No eres indispensable. Y es bueno que recuerdes, de una vez y para siempre, que tu condición es absolutamente contingente.

Eva: Lo mismo que la tuya.

Adán: ¡Ah, no! Yo soy esencial. Sin mí, Dios no podría ser conocido ni reverenciado ni obedecido.

Eva: No me niegues que ese Dios del que hablas (y al que jamás he visto) es vanidoso: necesita un espejo. ¿Estás seguro de que no se trata de una diosa?

Adán: ¡No seas irreverente! Dios —porque está

hecho a mi imagen y semejanza— quiso coronar la creación con una conciencia. *Mi* conciencia.

EVA: Suena muy bonito... pero ¿qué te pidió a cambio?

ADÁN: Que yo catalogue lo existente, que lo ordene, que lo cuide y que haga que se sujeten a su ley todas las criaturas. Comenzando contigo. Así que repite lo que te he enseñado. ¿Cómo te llamas?

EVA: ¿Cómo me llamas tú?

ADÁN: Eva.

EVA: Bueno. Ése es el seudónimo con el que voy a pasar a la historia. Pero mi nombre verdadero, con el que *yo* me llamo, ése no se lo diré a nadie. Y mucho menos a ti.

ADÁN: ¡Contumaz! No voy a seguir perdiendo el tiempo contigo. *(Revisando una agenda.)* Hoy me toca ocuparme de los lepidópteros.

Se aleja, con la agenda abierta en la mano, y va señalando con un lápiz y apuntando nombres. Eva permanece en su lugar. Bosteza, se estira, está a punto de caer muerta de aburrimiento.

SERPIENTE *(Que había estado escondida detrás del árbol y que se manifiesta ahora como una figura asexuada con reminiscencias de reptil. Canta.):*

El hastío es pavorreal
que se muere de luz
en la tarde...

EVA: ¿Qué es eso?

SERPIENTE: La posteridad que canta.

EVA: No seas cursi. Dime, ¿de dónde has salido?

SERPIENTE: Si yo te lo dijera no me lo creerías: del mismo lugar que has salido tú.

EVA *(Despectiva.)*: ¿Eres otra costilla ambulante?

SERPIENTE: Vamos, vamos, no me digas que crees en esas fábulas. Y, a propósito, ¿dónde está Adán?

EVA: Vagando por allí. Ya sabes a lo que se dedica: a ponerle nombre a las cosas.

SERPIENTE: ¿Quieres decir que es un poeta? Debo advertirte que esa es una actividad escasamente remunerada.

EVA: Para lo que nosotros necesitamos...

SERPIENTE *(Observándola.)*: ¡Qué horror! ¡No tienes nada que ponerte!

EVA *(Con un gesto de pudor.)*: ¡Qué vergüenza! ¡Y delante de un extraño!

SERPIENTE: Yo no soy un extraño. Yo conozco tu nombre verdadero.

EVA *(Sin preocuparse por verificarlo, deseosa de confiar.)*: ¿Cómo lo supiste?

SERPIENTE: Quedarías maravillada si yo te contara todo lo que sé. He estado en varios paraísos antes de venir a parar en éste, y te aseguro que nunca he visto un sitio más decepcionante.

EVA: Y si aquéllo era tan bonito y esto es tan horrible, ¿por qué viniste aquí? ¿Por qué te quedas? ¿Por qué no vuelves?

SERPIENTE (*Misteriosa y triste.*): Soy un exiliado político.

EVA: ¿Qué quiere decir eso?

SERPIENTE: Que estuve en desacuerdo con el régimen. Tú sabes que la tiranía no tolera la crítica.

EVA: ¿Te echaron?

SERPIENTE: Pedí asilo. Pensé que aquí las cosas serían diferentes. Y, en realidad, el lugar es agradable... digo, para pasar unas pequeñas vacaciones.

EVA: ¿Vacaciones aquí? Aquí ninguno trabaja.

SERPIENTE: ¿Es posible? Ahora me explico la... digamos la escasez de tu vestuario.

EVA: Dime ¿qué es lo que usan las mujeres... allá?

SERPIENTE: En esta temporada, hojas de parra. De diferentes colores, en diversas combinaciones. Es el último grito de la moda.

79

EVA *(Seductora.)*: ¿No sería posible conseguir una para mí?

SERPIENTE: Bueno... eso cuesta dinero. Y me temo, por lo que me cuentas de las actividades de Adán, que no gana mucho.

EVA: Tampoco quiero depender de él. Quiero bastarme a mí misma. Ya bastante me echa en cara lo de la costilla.

SERPIENTE: ¿Y sabes cómo se gana el dinero?

EVA: Ni siquiera sé, bien a bien, qué es el dinero.

SERPIENTE: Es la recompensa del trabajo.

EVA: ¿Y qué es el trabajo?

SERPIENTE: La mejor cura contra el aburrimiento. ¿Ves ese campo que tienes frente a ti?

EVA: Ajá.

SERPIENTE: ¿Qué te parece?

EVA: Así, así.

SERPIENTE: Es un desperdicio, un verdadero desperdicio. Es el campo perfecto para sembrar viñedos.

EVA *(Pescando al vuelo la idea.)*: ¡Montones de hojas de parra! Para todas las estaciones del año, para cada una de las horas del día, para la ocasión solemne y para el uso cotidiano...

SERPIENTE: No corras tanto. Lo primero que habría que conseguir es un permiso de cultivo.

Eva: ¿Permiso? ¿A quién?

Serpiente: Al dueño.

Eva: El dueño es egoísta y cicatero. ¿Sabes que nos ha prohibido que comamos la fruta de ese árbol?

Serpiente: ¿Por qué?

Eva: Ah, no se digna dar razones. Simple y sencillamente porque sí.

Serpiente: ¿Y a ti no te subleva esa arbitrariedad?

Eva: A mí me hierve el hígado.

Serpiente: ¿Y entonces por qué no comes?

Eva *(Vacilante.)*: En realidad no se me antoja mucho.

Serpiente: En realidad tienes miedo.

Eva: No quisiera engordar.

Serpiente: La fruta no engorda, eso está probado científicamente. Además, si trabajas tienes que estar bien alimentada.

Eva: ¿Es duro labrar la tierra?

Serpiente: Cuando no se está acostumbrado... *(Corta una manzana y se la ofrece a Eva.)* Come.

Eva *(Tomando la manzana.)*: Tú no tienes aspecto de campesino.

Serpiente: ¿De qué tengo aspecto?

Eva: No sé. Tal vez de... de intelectual.

Serpiente: Me hubiera gustado más que me di-

81

jeras que tenía aspecto de inteligente. Porque una persona inteligente se las ingenia para hacer lo que quiere y pagar por ello lo menos posible.

Eva *(Concentrándose como para hacer cuentas.)*: Si yo como esa manzana...

Serpiente: Habrás demostrado una cosa: que eres libre. Ahora bien, la libertad vale mucho. Pero cuesta mucho más.

Eva: ¡No me importa! Yo no obedezco órdenes arbitrarias, ni creo en cuentos de hadas, ni...

Relámpago, oscuridad momentánea. Cuando vuelve la luz ya no está la serpiente, sino sólo un Adán acusador.

Adán: ¿Qué has hecho?

Eva: He descubierto que ese campo necesita cultivo. La parra se daría bien.

Adán: ¿De qué estás hablando?

Eva: De que es una vergüenza que los dos andemos desnudos como dos pordioseros.

Adán: No necesitamos ropa: éste es el país de la eterna primavera.

Eva: Propaganda turística. Ninguna primavera es eterna. Y a mí no se me da la gana esperar al otoño para recoger las hojas caídas. Yo quiero preparar mi vestuario ya. Así que manos a la obra.

ADÁN *(Incrédulo.)*: ¿Quieres decir que piensas trabajar?

EVA: ¿Qué hay de malo en eso?

ADÁN: Se cansa uno. Y suda.

EVA: Yo no me cansaré porque estoy bien alimentada. Prueba esta manzana.

ADÁN: ¿Cómo te atreves? ¡Es la que Jehová nos ha prohibido!

EVA: ¿Por qué?

ADÁN: Porque sí.

EVA: ¿A que no te atreves a preguntarle sus razones?

ADÁN *(Que está perdiendo fachada.)*: Atreverme, lo que se llama atreverme... ¿por qué no? Pero sería una falta de respeto. Y Jehová es tan respetable: tiene una gran barba blanca.

EVA *(Desilusionada.)*: ¿Es viejo? Ahora lo comprendo todo: nos ha prohibido tocar esa fruta por envidia. Quiere que, en la flor de la edad como estamos nosotros, seamos tan débiles y tan impotentes como él. ¿Sabes lo que tiene esa manzana? *(Adán hace un signo negativo con la cabeza.)* Vitaminas. Hay que hacer una dieta equilibrada si queremos que nuestros hijos sean sanos.

ADÁN: ¿Hijos?

EVA: Claro. Hay que pensar en ellos. Me gustaría dejarles de herencia una pequeña granja de

83

labor, con sus vacas de ordeña y sus aves de corral y...

ADÁN *(Que ha estado mordisqueando distraídamente la manzana, se atraganta.)*: ¿Quién te ha metido esas ideas en la cabeza?

EVA: Las ideas no se meten en la cabeza: salen de la cabeza. ¿Qué tal estuvo la manzana? ¿Sabrosa?

ADÁN *(Mirando, horrorizado, el hueso.)*: ¡Dios mío!

EVA: No lo llames. ¿Para qué lo quieres?

ADÁN: Para pedirle que no nos castigue.

EVA: ¿Qué más castigo quieres que esta vida ociosa sin perspectivas de progreso ni de cambio, sin nada?

ADÁN *(Nostálgico.)*: Pero éramos tan felices... No nos faltaba nada.

EVA: No deseábamos nada, que es distinto. Y no éramos felices. Éramos egoístas y cobardes. La categoría humana no se recibe; se conquista.

ADÁN *(Arrodillado.)*: Señor, yo no soy digno. Señor, ten piedad de nosotros.

VOZ CAVERNOSA Y DISTANTE: "¡Parirás con dolor!"

EVA: Pago el precio de la plenitud. Y juro que no descansaré hasta vencer al dolor.

VOZ: "¡Moriréis! ¡Os perderéis!"

Eva: La muerte será la prueba de que hemos vivido.

Adán *(Tratando de detenerla.)*: Eva, te lo suplico, retrocede.

Eva *(Avanzando siempre.)*: No es posible. La historia acaba de comenzar.

Oscuro. Lupita comienza a gritar histéricamente: "¡Blasfemia! ¡Calumnia! ¿Dónde está el merolico que me vendió el boleto para que me devuelva mi dinero? ¡Estafador! ¡Bandido! ¡Merolico! ¡Merolico! Dios santo, estoy vuelta y vuelta en el mismo lugar. Éste es un laberinto. ¡Merolico! ¡Merolico!" Cuando la luz vuelve a encenderse encontramos a Lupita, con aire todavía de extraviada, frente a un museo de cera en el que, en una serie de nichos, se encuentran —representadas de la manera más convencional posible— la Malinche, Sor Juana, doña Josefa Ortiz de Domínguez, la Emperatriz Carlota, Rosario de la Peña y la Adelita. Resucitadas por el escándalo, salen de sus nichos.

Sor Juana *(Llevándose las manos a la cabeza.)*: ¡Dios mío! ¿Es que no se puede vivir tranquila ni siquiera en un museo? ¿Hasta aquí ha de venir a perseguirme el rumor de comunidad que, como un tábano, me atormentó durante toda la vida?

ADELITA: ¡Rumor de comunidad! ¡Melindres de monja! Ya te hubiera yo querido ver en la mera bola: cañonazos, trenes que volaban por el aire, cargas de caballería. ¿Y todo para qué? Para que tú te pasees *(Señalando sus hábitos monjiles.)* disfrazada de espantapájaros, como si la Constitución no existiera.

JOSEFA *(Enérgica.):* Respete usted esos hábitos, que son sagrados.

CARLOTA: No es cuestión de respeto; es, como de costumbre en este país, una falta completa de modales. *(A la Adelita.)* ¿Cómo se atreve usted a dirigirle la palabra a quien no le ha sido ni siquiera presentada?

ROSARIO *(Tratando de mediar.):* Quizá se conozcan de antes.

ADELITA: ¿Yo? ¿Conocer a ésta? Ni de nombre.

SOR JUANA *(Irónica.):* ¡Tal es la posteridad para la que yo escribí!

JOSEFA *(Apelando a los sentimientos de caridad y refiriéndose a la Adelita.):* La pobre no sabe ni siquiera leer. Es una analfabeta total. Yo, en cambio, he tenido el privilegio de ser su lectora. *(A Sor Juana.)* ¡Y la admiro tanto!

SOR JUANA *(Sin hacer caso del elogio, mirando a la Adelita y a la Malinche.):* Pero tal ignorancia

hay que remediarla de algún modo. *(Súbitamente inspirada.)* ¿Por qué no jugamos a la escuelita?

Todas reaccionan en contra, cada una a su manera. Sobre el coro de exclamaciones negativas se impone la voz de Lupita.

LUPITA: Creo que aquí la única que tiene derecho a opinar soy yo porque pagué mi boleto. Y quiero que me den lo que me prometieron: un espectáculo, no una clase.

CARLOTA *(Soñadora.)*: ¡Representar! La ilusión de mi vida.

SOR JUANA *(A Lupita.)*: Pero tú también tienes que tomar parte. Cada una de nosotras escogerá un momento culminante de su vida. Y tú tendrás que identificarnos.

JOSEFA: No va a ser difícil. ¡Somos tan pocas las mujeres mexicanas que hemos pasado a la historia!

SOR JUANA: Va a ser difícil. Porque nos hicieron pasar bajo las horcas caudinas de una versión estereotipada y oficial. Y ahora vamos a presentarnos como lo que fuimos. O, por lo menos, como lo que creemos que fuimos.

CARLOTA: ¿El orden de prioridades va a estable-

cerse de acuerdo con el protocolo? Porque en ese caso me correspondería el primer lugar a mí.

Sor Juana: Tratemos de proceder de acuerdo con la cronología. *(A la Malinche, que no ha abierto la boca y se ha limitado únicamente a observar.)* Señora, el escenario es suyo.

Oscuro. Al encenderse la luz se ve una improvisada tienda de campaña en la que Cortés no sabe cómo arreglárselas con su estorbosísima armadura. Es obvio que el calor de la costa lo agobia. La Malinche lo abanica con una rústica palma.

Malinche: Te lo dije: no podemos quedarnos aquí.

Cortés: Ni subir allá, ni mucho menos regresar a Cuba. ¡Ay, cuánto diera yo por tener en mis manos un momento, nada más que un momento, al marinero que se puso a fumar en la bodega del barco y se quedó dormido!

Malinche: Deberías ser más tolerante. El tabaco es un vicio que acaban de descubrir tus soldados. Es nuestra manera de corresponder el regalo de la sífilis que ustedes nos trajeron.

Cortés: ¡Pero producir catástrofe semejante! No quedó ni rastro de ninguna de las naves.

Malinche: Ni rastro de ese fumador, tampoco.

Ese hombre podía haber sido un testigo inoportuno. ¿Por qué no aprovechas esta circunstancia para hacer correr el rumor de que tú, *tú,* quemaste las naves?

CORTÉS: ¿Yo? ¿Para qué?

MALINCHE: Para cortar la retirada a Cuba. Hay en tu ejército muchos cobardes y uno que otro traidor que querían volver. Ahora no pueden hacerlo y no les queda más remedio que enfrentarse a los hechos.

CORTÉS: Que no pueden ser más adversos: un clima endemoniado, un imperio formidable... Ayúdame a quitarme la coraza.

MALINCHE *(Firme.)*: No.

CORTÉS: ¿Cómo te atreves a decir que no? ¡Eres mi esclava, mi propiedad, mi cosa!

MALINCHE: Soy tu instrumento, de acuerdo. Pero, al menos, aprende a usarme en tu beneficio.

CORTÉS: Que, según tú, consiste en que yo me derrita dentro de la armadura.

MALINCHE: Si te despojas de ella los indios verán lo que he visto yo y me callo: que eres un hombre como cualquier otro. Quizá más débil que algunos. Armado te semejas a un dios.

CORTÉS *(Halagado.)*: Dame un espejo. *(Se contempla y se aprueba.)* Es verdad. Y este papel de dios me viene pintiparado.

MALINCHE *(Sonriendo con indulgencia ante la vanidad de Cortés.)*: Un dios cuyo regreso aguardan los indios desde el principio. Lo aguardan para rendirse a él, para devolverle lo que le pertenece: el mando. Porque todas las profecías anuncian su retorno y también su victoria.

CORTÉS: ¿Tú crees en esas mojigangas?

MALINCHE: Lo que yo creo no importa. No soy una vasalla de Moctezuma porque salí del poder del señor maya que le paga tributo. Ahora te pertenezco a ti.

CORTÉS: Te gusta el papel de diosa consorte, ¿eh?

MALINCHE: Me gusta que Moctezuma beba una taza de su propio chocolate. Es un amo cruel.

CORTÉS: ¿Más que yo?

MALINCHE: Tú eres brutal, porque tienes prisa. Él se cree dueño de la eternidad.

CORTÉS: No es fácil desengañarlo.

MALINCHE: Pero es posible. Muchos lo odian. Ese imperio, que tú ves alzarse ante ti como una gran muralla, está lleno de cuarteaduras. Por cualquiera de ellas podrías infiltrarte con tu ejército.

CORTÉS *(Tratando de abrazarla.)*: ¡Ah, mujeres, mujeres! ¿Por qué la Divina Providencia las habrá dotado del don superfluo de la palabra?

MALINCHE *(Forcejeando por desasirse.)*: En mi

caso particular, para que yo te sirviera de intérprete y te transmitiera el mensaje de los emisarios de Tlaxcala que solicitan audiencia.

CORTÉS *(Lúbrico.)*: ¡Malintzin!

MALINCHE *(Negándose, por ahora, a Cortés; prometiéndose para más tarde.)*: Tienes prisa, recuerda. La situación de tus hombres es desesperada y los tlaxcaltecas son la única tabla de salvación. Recíbelos. Ellos te señalarán el camino seguro a Tenochtitlan.

CORTÉS: ¡La ciudad de oro!

MALINCHE: El ombligo del poder. Capitán: sube al altiplano y arrebata a Moctezuma el sillón con respaldo y la vara de autoridad. ¡Tú serás rey!

CORTÉS *(Que no ha oído hablar de Shakespeare y, menos aún, de las brujas de Macbeth.)*: La riqueza, la fama, el dominio. ¡Heredaré a mis hijos un imperio!

Mientras Cortés divaga la Malinche abrillanta la armadura, lo peina, etc. Cuando su apariencia le parece satisfactoria, va a la puerta de la tienda y exclama a los que esperan afuera.

MALINCHE: Los embajadores tlaxcaltecas pueden pasar.

*Oscuro. Otra vez el museo de cera. La expresión
de Carlota es despectiva; la de Adelita, fascinada;
la de Josefa, respetuosa; la de Sor Juana, irónica.
Tan sólo hay dos rostros que expresan la más completa frustración: el de Rosario y el de Lupita. A
la primera la contiene su buena educación y su
circunstancia de ser figura de cera. Pero a Lupita
la solivianta el pago de su boleto. Protesta.*

LUPITA: ¿Y el romance?

MALINCHE: ¿Cuál romance?

LUPITA: Usted estaba enamorada de Cortés, del
hombre blanco y barbado que vino de ultramar.

MALINCHE: ¿Enamorada? ¿Qué quiere decir eso?

SOR JUANA *(Didáctica.)*: Probablemente la señorita se refiere al amor, un producto netamente
occidental, una invención de los trovadores pro-
venzales y de las castellanas del siglo XII europeo.
Es probable que Cortés, a pesar de su estancia en
Salamanca, no lo haya conocido ni practicado.

MALINCHE: Por lo pronto, no lo exportó a Amé-
rica. Y en cuanto a nosotros...

SOR JUANA: Ya lo sabemos. El amor es algo que
no tiene nada que ver con la cultura indígena.

CARLOTA: Ni con el recato monjil.

SOR JUANA: Es por eso que cedo la palabra a

quien posee experiencia: a mi colega, Rosario de la Peña, alias Rosario, la de Acuña.

JOSEFA: ¿Colega?

SOR JUANA: Por aquello de que a mí se me llamó la Décima Musa y ella fue la musa de una pléyade de poetas, de intelectuales.

ROSARIO: Oh, sí. Por mi salón pasaron los hombres más notables de la época. Aunque he de admitir que la época fue bastante mediocre. Guardo en mi álbum los autógrafos de todos ellos. Me admiraban, me rendían homenaje, me llamaban la inspiradora de sus obras.

SOR JUANA: Pero la celebridad mayor se la debe usted a Manuel Acuña. Se suicidó por usted, ¿no es cierto?

ROSARIO: Eso dice la leyenda. Pero, como todas las leyendas, miente. Lo que yo voy a contarles es la verdad.

Oscuro. Aparece una buhardilla paupérrima de joven romántico del siglo XIX mexicano que quiere parecerse al joven romántico del siglo XIX parisino. Manuel Acuña tiene todos los signos nobiliarios de la desnutrición, del insomnio y, quizá, de algún vicio. Afiebrado, ojeroso, escribe unas líneas y luego, poniéndose en pie, declama.

MANUEL: Pues ɔien, yo necesito —decirte que te quiero —decirte que te adoro —con todo el corazón... etc.

La puerta se abre silenciosamente y aparece en el umbral Rosario, agitada por las emociones que la embargan y por las muchas escaleras que ha tenido que subir. Un tupido velo le cubre la cara, como es de rigor en las protagonistas decimonónicas de las visitas clandestinas a caballeros solos. Durante unos momentos escucha arrobada la declamación hasta que, no pudiendo contenerse más, corre —con los brazos abiertos— hacia el poeta.

ROSARIO: ¡Manuel!

Manuel la mira como si fuera el fantasma de Banquo y la rechaza fríamente.

MANUEL: Señorita, modere usted sus ímpetus y recuerde que su presencia, a estas horas y en estas circunstancias, en la casa de un soltero, puede conducirla a la deshonra.

ROSARIO *(Vehemente.)*: ¡Nada me importa, Manuel! Desprecio el juicio de una sociedad mezquina e hipócrita que no te comprende ni te admira. *(Se alza el velo.)* Sabía yo muy bien lo que

94

desafiaba al atreverme a venir. Pues bien, no vacilé. El primer sacrificio que hago en el altar de Eros es el de mi fama.

MANUEL (*La turbación lo hace mostrarse ofendido.*): ¿Qué es lo que está usted osando proponerme?

ROSARIO: Matrimonio.

MANUEL (*Horrorizado.*): ¡Matrimonio! No me haga usted reír. Después del paso que acaba usted de dar —y que no daría, por ningún motivo, ninguna señorita decente...

ROSARIO: Pues ya que quiere usted saberlo, voy a decírselo: no soy ninguna señorita decente. (*Declamatoria.*) Soy una mujer enamorada.

MANUEL (*Con verdadera curiosidad.*): ¿De quién?

ROSARIO: ¿Cómo que de quién? De ti.

MANUEL (*Ahora la turbación lo hace parecer maquiavélico.*): ¿Sí? ¿Y cómo puedo estar seguro de que no ha dicho usted lo mismo a todos los que forman su corte de admiradores? ¿A Manuel M. Flores y a José Martí, para no citar mas que a los mejor conocidos?

ROSARIO: ¿Por qué tendría yo que decírselo a ellos?

MANUEL: Porque me lo dijo usted a mí. Quien hace un cesto hace ciento, dice el refrán.

ROSARIO: Pero tú eres el hombre a quien yo amo.

MANUEL *(No cayendo en tan burdo garlito.)*: Si usted me amara, no me colocaría ante este precipicio.

ROSARIO: ¿Cuál precipicio? No entiendo.

MANUEL: Usted era mi amada ideal, ergo, imposible.

ROSARIO: ¿Era?

MANUEL: Naturalmente. Con el paso que acaba usted de dar lo ha destruido todo. Mis más caras ilusiones: las de vivir en un mundo de ensueño en el que tú estarías siempre enamorada y yo siempre satisfecho. *(Se paraliza un instante y corre a escribir lo que exclama en voz alta.)* "¡Y en medio de nosotros, mi madre como un Dios!"

ROSARIO *(Retrocede.)*: Ahora comienzo a comprender: en medio de nosotros, su madre como un Dios. Como la espada entre Tristán e Isolda.

MANUEL: Quienes deberían de ser nuestros modelos.

Se abre la puerta de la buhardilla y entra una lavandera con un cesto de ropa.

LAVANDERA: Santas y buenas tardes, Manolo. *(Al advertir la presencia de Rosario, se turba.)*

96

Niño Manuel ¿por qué no me avisó que tendría visita? Yo le habría preparado algo para agradarla. Un té de hojas, un cafecito. *(Identificando a la mujer del velo, con ingenua y sincera admiración.)* ¡Usted es Rosario, la famosa Rosario!

Rosario *(Entre molesta y orgullosa.)*: Yo, en cambio, no tengo el honor de conocerla.

Lavandera: Yo soy Petra, la lavandera, para servir a Dios y a usted. Soy la que le hace casa al niño.

Manuel *(A la lavandera, cubriéndose el rostro con las manos.)*: ¡Calla, por Dios!

Rosario *(Que no ha dejado de advertir la realidad de la situación, a Manuel.)*: ¿Por qué ha de callarse? Por boca de los inocentes habla la verdad.

Lavandera *(Mostrando su estado avanzadamente interesante.)*: Yo qué voy a ser inocente, señorita. Si dice Manolo que yo soy la que le hace casa al niño y niño a la casa.

Rosario *(Aplaudiendo.)*: ¡Bravo! ¡Bravo! Sabe hacer retruécanos. Manuel, es absolutamente indispensable que la lleves a mi casa.

Manuel *(Agobiado.)*: ¿Quiere usted dejar de torturarme?

Rosario *(Reprobatoria, a Manuel.)*: Se avergüenza usted de ella, pero no desaprovecha ni su generosidad, ni su ignorancia, ni su condición hu-

milde. Se ve bien que no ha colocado usted a su madre como una figura protectora entre esta mujer y usted. *(Manuel intenta hablar, pero Rosario lo ignora olímpicamente. A la lavandera.)* Señora, los amigos de mis amigos son mis amigos. Yo quisiera rogarle que, de hoy en adelante, se considere usted invitada a mis tertulias.

LAVANDERA: ¡Ay, señorita! ¿Y qué pitos voy a tocar yo allí? ¡Soy tan ruda! Y Manolo me ha contado que todos ustedes son muy inteligentes.

ROSARIO *(Dándole una mirada de vuelta al ruedo a Manuel y dejándose caer el velo.)*: Yo admiro, más bien, las virtudes morales. Por eso me gustaría ser su amiga.

Ambas se alejan hablando mientras Manuel, en el centro del escenario, declama las últimas estrofas del Nocturno. A medida que recita va siendo consciente de que ha caído en el más completo de los ridículos. La dicción de los versos finales va acompañada de la acción de tomar un revólver. Dispara en el momento en que regresa la lavandera que exclama, llevándose las manos a la cabeza en un gesto de total desesperación:

LAVANDERA: ¡Dios mío! ¡Ha salpicado de sangre

toda la ropa limpia! Ahora tengo que lavarla otra
vez.

Oscuro. Se vuelve al museo de cera.

Sor Juana *(Ríe quedamente.):* Perdónenme,
pero no puedo remediarlo. Yo creí, hasta ahora,
que había sido la única. Aunque mi caso no fue
nunca tan extremo como el suyo. En mi caso no
hubo suicidio. Los hombres, que huían de mí como de la peste, no llegaron nunca tan lejos. Y yo,
a decir verdad, no era fea. Sabía, también, agradar.
Pero he de haber tenido una cabeza de Medusa
que paralizaba de horror a quienes la contempla-
ron. Sólo en una ocasión estuve a punto de romper mi aislamiento. Pero, claro, todo se volvió
agua de borrajas, comedia de enredo.

Lupita *(Urgiéndola.):* Cuente.

Sor Juana: Bien. Ustedes conocen mi gusto por
los disfraces...

*Oscuro. La luz se abre al estrado de una casa co-
lonial. Juana Inés, quinceañera, escribe con pluma
de ganso sobre un pergamino. Se oye, lejos, la
melodía de una viola d'amore. Distraídamente Juana Inés mordisquea, de cuando en cuando, un pedazo de queso. Se detiene, lee para sí mientras*

mastica y, después de tragar el bocado, se pone de pie y declama, contando las sílabas para ver si están cabales.

JUANA: ...El alma, pues, suspensa
del exterior gobierno en que, ocupada
en material empleo
—o bien o mal da el día por gastado—
solamente dispensa
remota, sí, del todo separada...
del todo separada... del todo separada... ¿Qué sigue, Dios mío, qué sigue? *(Estrujando el pergamino.)* Nada. Que se me fue el santo al cielo. Tan diferente que era todo cuando comencé, tan fácil. Ponía yo una palabra y detrás de ella, persiguiéndola, acosándola, dándole a la caza alcance, venían todas las demás que rimaban con ella. Pero si hablas en verso, me decían —pasmadas— las visitas. En cambio ahora cada concepto se me esconde como un armadillo en su concha. Y tengo que atosigarlo con humo para que, en vez de asfixiarse, se manifieste. Y cuando aparece es tan magro, tan desabrido, tan vano como una nuez. Eso era antes. Pero, claro, antes yo era inocente y me llovía la gracia del cielo. En cambio ahora: desvanecida en frivolidades, golosa de todo: del queso, que vuelve romos los ingenios más agudos, de los

chismes de la corte, del elogio de los doctos y de la admiración de los imbéciles, ávida del aplauso universal. *(Cambiando de tono y contemplándose fijamente en un espejo.)* Juana Inés, te declaro culpable de vanidad, de pereza y de ignorancia. Y decreto que cabeza tan desnuda de noticias no esté cubierta de adornos y zarandajas. A cumplir la sentencia. *(Como desdoblada, y con la lentitud con que se realizan los gestos rituales, Juana Inés saca de su escritorio una tijera y se despoja, con golpes certeros, de la mata de pelo en que se gloriaba. Su figura ha cambiado por completo. Compara, con un gesto, su cabeza y su ropa, y le dice al espejo:)* No, no es lógico. *(Va detrás de un biombo a cambiarse. Mientras se trueca el vestido cortesano por un hábito de paje, canturrea.)*

> ...sólo sé que aquí me vine
> para que, si soy mujer,
> ninguno lo verifique.....

Cuando ha terminado la operación se contempla de nuevo: tiene un aspecto equívoco de efebo, en el cual se complace. Siente pasos y, automáticamente, mata la luz. Apenas un segundo después entra Celia.

CELIA *(A tientas, tratando de alcanzar un bulto que se le escapa. Celia y Juana avanzan y retroceden con movimientos regulados y armoniosos como de danza.)*:

> Detente, sombra de mi bien esquivo,
> imagen del hechizo que más quiero,
> bella ilusión por quien dichosa muero,
> dulce ficción por quien penosa vivo.

JUANA
(Aparte): Declamadora tenemos.
(A Celia.) Señora, considerad
　　　　el respeto de esta casa,
　　　　pues que su dueña la tiene
　　　　a las musas consagrada.
CELIA: Nunca leí tal Edicto
　　　　de la Corona de España.
　　　　¿O es que usurpa sus derechos
　　　　y hasta aquí se atreve Juana?
JUANA: No de atrevida la nombra
　　　　con sus trompetas, la fama.
　　　　Si es famosa es por discreta,
　　　　por virtüosa y por sabia.
CELIA: Calle el galán, que no vino
　　　　aquí a requebrar fantasmas,
　　　　sino a pagarme la deuda
　　　　de honor, de que estoy preñada.

JUANA: Señora, tened la lengua.

CELIA: Ay, si no tuve la aldaba
de mi puerta de doncella
cuando en la noche rondabas.

JUANA: Señora ¿vos prometí
mano y apellido?

CELIA: Y galas
para reponer con joyas
la joya que me quitabas.

JUANA: Y ahora, diligente, cobras
lo que trataste liviana.
¿Y no te causa sorpresa
encontrarme en esta cámara?

CELIA: Que eres avisado advierto,
cuando la invocas sagrada
y te escudas en el manto
no de una, de nueve hermanas.

JUANA: De la décima.

CELIA: ¿De quién?
¿Estás hablando de Juana?
Pero no, no me das celos,
que para ello una bastarda
no es bastante.

JUANA: ¡Infame! ¡Calla!

CELIA: Con cuatro bachillerías
por dote y, bajo las faldas,

103

nada más que silogismos. . .
¡Busca una rival que valga!

JUANA: Es bella.

CELIA: Mientras es joven
y eso dura. . . una mañana.

JUANA: ¿Y tú, tienes otro pacto
con el tiempo, que te ufanas?

CELIA: Yo tengo que yo soy hembra
y, como tierra labrada,
rejuvenezco en mis hijos,
me eternizo en mis entrañas.

JUANA: ¿Y ella?

CELIA: Es como la nuez vana.

JUANA: ¿Estéril?

CELIA: Parirá ideas,
retruécanos, telarañas.
Son los folios de los libros
los que el otoño le arranca.
¡Y para colmo, sin dote!

JUANA: ¿No estás celosa?

CELIA: ¿De Juana?
¿De ese caso mitológico?
¿De la Fénix mexicana?
Hechura de una Virreina
y desecho de las Gracias.
No, si quieres darme celos
busca materia más alta.

Mi igual o mi superior,
pero en el nivel de humana,
en donde pueda vencerme
—si es que puede— con mis armas.
Pero no mezcles, que yerras,
el aceite con el agua,
la paloma y el mochuelo,
las peras con las manzanas.

JUANA: Y tú, ¿sabes distinguirlas?

CELIA: El corazón no se engaña.

JUANA: ¿Y qué te dice?

CELIA: Que me amas
y que te amo.

JUANA: ¿Por mi alcurnia?

CELIA: Por tu talle, por tu cara
que resplandece entre todas
como estrella soberana.

JUANA: ¿Por mi fortuna?

CELIA: Fortuna es
tenerte entre las sábanas,
y sacrificar a Venus
hasta que la luz del alba
viene a darnos una tregua
...o a establecer más batalla.

JUANA: ¿Y me trocarías por otro?

CELIA: ¿Se trueca el oro por plata?
¿Se cambia el rumbo del astro?

¿Vuelve la flecha a su aljaba?

JUANA: ¿Y si no soy yo?

CELIA: ¡La muerte!
        ¡El corazón no se engaña!

*Después de una pausa dramática Juana prende
una luz.*

JUANA *(Alumbrándose directamente el rostro)*:
        ¿Me reconoces? ¿Soy ése
        por el que ansiosa penabas,
        por el que alegre morías,
        por el que te pierdes?

CELIA: ¡Juana!

*Hay, en este solo nombre, un desconcierto que no
cristaliza en rechazo sino en una especie de des-
lumbramiento. Celia abre los brazos, como lo hizo
al principio, en la oscuridad, y Juana duda un
momento entre la fuga y la entrega. Por fin, reacciona con violencia.*

JUANA: ¡No, ya nunca más mi nombre,
        ni mis hechos, ni las fábulas
        que con mi sombra fabrican
        las lenguas desaforadas!
        Aquí muere lo que había

en mí de mujer. Acaba
en este trance el conflicto
de las potencias y el alma.
Siéguese, por siempre, el tronco
de mis linajes. Mortaja
dadme para lo que fue
cárcel de lo que volaba.
Adiós, adiós juventud,
adiós atmósfera clara
de la música y los números,
de la amistad conversada.
Adiós a lo que no fui,
a lo que fui y me sobraba.

CELIA: ¿Adónde vas?

JUANA: Adonde es
la inteligencia soledad en llamas.

Se contemplan un momento las dos, paralizadas por imanes contrarios: el que las atrae —lo que debe ser sugerido muy delicadamente— y el que las separa. Oscuro. Cuando vuelve a encenderse la luz es para alumbrar el museo de cera. Las espectadoras de la escena anterior parecen confusas y no saben de qué manera reaccionar. Carlota se abanica majestuosamente y, al fin, decreta:

CARLOTA: We are not amused. We are not amused at all.

JUANA *(Tomando las cosas a la ligera.)*: Pero esto que acaban ustedes de ver no es siquiera una diversión. Es, si acaso, una mera versión.

ROSARIO: En última instancia yo me quedo con la versión clásica; es decir, la romántica: el amor imposible, el convento.

LUPITA *(A Rosario.)*: Usted, con su experiencia, ¿se atreve a creer en amores imposibles?

JUANA: En principio, todo amor es imposible: una idea obsesiva que se apodera de los espíritus solitarios. Los demás no se enamoran: se ayuntan.

ROSARIO *(A Sor Juana.)*: Pero en su época quedaba aún esa salida airosa: la toma del velo. En la mía no hubo más que dos sopas. Y yo no escogí la de fideos. Solterona y punto.

JOSEFA: Lo que se llama la sopa boba.

SOR JUANA: Pero yo no fui al convento ni por vocación ni por desengaño, sino por sentido práctico. No sé por qué se empeñan en inventar tantos motivos cuando yo dejé, muy claramente escrito en una carta, que ingresaba al claustro, más que atraída por esa forma de vida, empujada por "la total repugnancia que me inspiraba el matrimonio".

LUPITA: ¿Repugnancia? ¿Cómo puede ser? No entiendo.

108

JOSEFA: Ya entenderás. Ya estás en las vísperas de entender. Yo recuerdo, por ejemplo...

Oscuro para cambiar la escena a una sala de familia criolla de Guanajuato. Un canónigo juega a la brisca con el corregidor. Al fondo la esposa, Josefa, muy menor que el marido, inquieta, llena de una vida que no tiene cauces en los cuales fluir, borda. Mira con insistencia a un reloj de pared que, según su impaciencia, no se mueve.

JOSEFA: ¿No será hora ya del chocolate?

CORREGIDOR: ¡Ay, hija! ¿Cuándo aprenderás a calcular el tiempo? Si apenas acabamos de comer. ¿No es así, señor canónigo?

CANÓNIGO: Desde luego, señor corregidor. Aunque comprendo que la señora corregidora, a su edad...

CORREGIDOR *(Extremadamente sorprendido.):* ¿Desde cuándo las señoras decentes tienen edad? Esas frivolidades se dejan para las mujeres livianas.

No obstante, algo de duda le queda al corregidor, puesto que se vuelve a inspeccionar a Josefa como si la viera por primera vez. Durante el tiempo que abarca este proceso hay una suspensión del juicio

crítico, porque la expresión de la cara del corregidor es inescrutable.

CANÓNIGO: Las jóvenes gustan de serenatas, paseos, bailes.

CORREGIDOR: Cuando son frívolas o cuando no tienen quien vele por su honra. Pero Josefa es una señora casada y respetable. Por lo tanto está más allá de esas diversiones que usted, señor canónigo, conoce gracias al Tribunal de la Penitencia y que, como nos enseña nuestra Santa Madre Iglesia, son un peligro para la salvación del alma.

CANÓNIGO: Y aun la salud del cuerpo. Una salud que, sin embargo, encuentro aquí quebrantada. *(Se pone de pie y se acerca a la bordadora. Acciona lo que dice.)* Las manos están heladas, mientras las mejillas arden con el calor de la fiebre. ¿Se siente usted bien, señora corregidora?

CORREGIDOR *(Sin dignarse prestar atención a la interfecta.)*: ¿Por qué no había de sentirse bien? Es la esposa legítima de un alto dignatario de la corona de España; vive en un palacio; manda a una numerosa servidumbre; es heredera de las joyas de la familia y en los armarios no caben ya los vestidos, los tocados, los zapatos, los afeites...

CANÓNIGO: Quizá le haga falta algo.

CORREGIDOR: Lo que le falta a una mujer para

ser completa: un hijo. Un hijo que debería de tener para que se continúe la estirpe, para que recaiga el apellido. ¿Pero acaso entiende esta obligación? *(Sin mirarla.)* ¿Escuchaste, Josefa? El señor canónigo ordena que tengas un hijo.

CANÓNIGO *(Rectificando.)*: Lejos de mí la osadía de ordenar. Si acaso, me atrevería a sugerir.

JOSEFA *(Arrebolada de pudor herido y de cólera.)*: Si por mí fuera... pero le aseguro que no está en mi mano, señor canónigo.

CORREGIDOR: Ya se sabe que en estos casos no hay mejor aviso que ponerlos a la merced de la Santísima Virgen de los Remedios. ¿Por qué no haces la promesa de ir a visitarla a su santuario?

CANÓNIGO: En esta época quizá no sea prudente, señor corregidor. Se oyen rumores de descontento por doquier. Hay asaltos en los caminos, hay hambre en el campo.

CORREGIDOR *(Riendo suavemente.)*: ¿Cuándo ha sido de otro modo?

Josefa ha suspendido su labor y sigue la conversación con una avidez que los otros no advierten.

CANÓNIGO: Hay, por todas partes, como regado, un combustible al que cualquiera podría prender fuego. ¡Yo escucho cada cosa en el confesionario

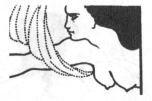

111

que pienso que estamos en el fin de los tiempos y que veo el anuncio de la llegada del Anticristo!

CORREGIDOR: El pueblo es embelequero siempre; no hay que hacerle mucho caso. Pan y circo, aconsejaban los romanos, y se les cayó el imperio. Pan y palo, digo yo. Y basta.

JOSEFA *(Sin poder contenerse.)*: ¿Y si no basta?

CORREGIDOR: ¿No bastar el ejército? ¿No ser suficiente la furia española para ahogar en sangre... qué? Algo que ni siquiera tiene forma, que no alcanza a darse un nombre.

JOSEFA *(Terca.)*: ¿Y si no basta?

CORREGIDOR: Será entonces cosa sobrenatural con la que habrá de entenderse nuestra Santa Madre, la Iglesia Católica, a la que Dios le prometió que sobre ella no prevalecería el demonio.

CANÓNIGO: ¿Y si yo le dijera, señor corregidor, que es en el seno mismo del clero donde se está gestando la sublevación? ¿Que es desde los púlpitos desde donde se enardece a la multitud?

CORREGIDOR: ¡Pero están locos! Eso es ponerse a dar de patadas, con perdón sea dicho, al pesebre.

CANÓNIGO: Esos sacerdotes —debo seguir llamándolos así puesto que no se les ha juzgado aún ni excomulgado— han leído libros en los que se habla de la igualdad entre todos los hombres.

CORREGIDOR: ¿Desde cuándo la Inquisición per-

mite que esos libros entren y circulen libremente en el reino de la Nueva España?

Canónigo: Desde el momento de la fundación de la Nueva España, señor corregidor. Los inquisidores son sensibles a ciertos halagos que no quiero especificar.

Corregidor: ¡Hombres al fin! Por eso la medida más segura, lo he sostenido siempre, es mantener al pueblo en la ignorancia. Si usted fuera tan celoso de su rebaño como yo lo soy del mío, no tendríamos estos dolores de cabeza. *(Para ejemplificar.)* Josefa, ¿sabes leer?

Josefa: No, mi señor marido.

Corregidor: ¿Sabe leer alguna de tus criadas, de tus parientas, de tus amigas?

Josefa: Ninguna, señor.

Corregidor *(Al canónigo, triunfante.)*: ¿Lo ve usted? Es sencillísimo. Así no hay manera de que se enteren de nada ni de que propaguen nada.

Canónigo: Y usted, señor corregidor, ¿sabe leer?

Corregidor: Lo indispensable para cumplir bien con mis funciones. Pero le juro que, fuera de eso, no leo nunca.

Canónigo: ¿Y sus amigos? ¿Los que frecuentan esta casa? ¿El capitán Allende? ¿Aldama? ¿Jiménez? El cura, don Miguel Hidalgo ¿sabe leer?

CORREGIDOR: No lo sé de cierto, pero el pobre es un alma de Dios.

CANÓNIGO: Si yo hiciera una inspección de la biblioteca del cura Hidalgo —porque la tiene y bien surtida— apuesto a que encontraríamos cosas muy interesantes, aunque nada sorprendentes.

JOSEFA: ¡Ay!

CANÓNIGO *(Solícito.)*: ¿Qué le ocurre, señora?

CORREGIDOR: Nada. Debe haberse pinchado el dedo con la aguja. Como siempre.

JOSEFA: Soy tan tonta...

CORREGIDOR: Es tu deber y lo cumples a conciencia. En ese sentido, no tengo nada de qué quejarme.

CANÓNIGO *(Volviendo al tema.)*: ¿Y si, de todos modos, hiciéramos esa inspección?

CORREGIDOR: No vale la pena herir susceptibilidades. Y el señor cura don Miguel es, con perdón de mi esposa, que tanto lo aprecia, un verdadero papanatas.

CANÓNIGO: Señora, la estamos aburriendo con nuestra conversación.

JOSEFA: ¡Oh, no, de ninguna manera! ¿Quién soy yo para aburrirme junto a tan doctos personajes?

CORREGIDOR *(Condescendiente.)*: Muy bien contestado, Josefa. Porque si hubieras dicho que la

conversación te interesaba habrías parecido presuntuosa. Uno se interesa cuando entiende. Y si hubieras dicho que no atendías a la conversación habrías parecido descortés. Pero así te sitúas al mismo tiempo en el lugar que te corresponde —que es el de las mujeres— y nos pones a nosotros en el sitio que nos toca. Puedes seguir bordando, Josefa.

CANÓNIGO: Si no fuera un abuso de mi parte yo le pediría a la señora corregidora que me diera un vaso de agua.

CORREGIDOR: ¿Agua? Josefa, ordena que nos traigan una copita de jerez y galletas.

Josefa se pone de pie y, contra toda su voluntad, se dirige a tocar la campanilla, pero el canónigo la interrumpe.

CANÓNIGO: Yo le agradecería tanto que usted misma me trajera ese vaso de agua con sus propias manos. ¿Entiende usted? Con sus propias manos. Ha de perdonar estas chocheras de viejo.

JOSEFA: En seguida voy. *(Sale.)*

CANÓNIGO: Perdóneme usted por lo que le parece una falta de respeto o una extravagancia. Pero me urge hablar con usted a solas.

CORREGIDOR: Hemos estado a solas toda la tarde.

115

CANÓNIGO: ¿Y la señora corregidora?

CORREGIDOR: La señora corregidora, como todas las señoras, no cuenta. Usted sabe de sobra que es mi mujer.

CANÓNIGO: Precisamente por eso. Se trata de una conspiración.

Apenas acaba el Canónigo de pronunciar esta última sílaba cuando entra, apresuradamente, Josefa.

JOSEFA: Su vaso de agua, señor canónigo.

CORREGIDOR: ¿Una conspiración contra quién?

CANÓNIGO: El agua está deliciosa, señora. Y no dudo que es por la virtud que sus manos le prestan. ¿Podría usted hacerme el favor de regalarme otro vaso más?

JOSEFA *(Maliciosa.)*: ¿No le va a dar hidropesía?

CORREGIDOR: Insisto: ¿una conspiración contra quién?

CANÓNIGO *(Esperando a que Josefa haya salido de nuevo.)*: Contra la Corona.

CORREGIDOR: ¿Por qué murmura usted de ese modo? ¿Qué saben estas gentes, que nunca han estado en España, qué es la Corona? Yo mismo, que vine de allá, no tengo ya un recuerdo muy preciso. ¡La Corona de España! Es algo tan... remoto

que no me explico que se pueda conspirar contra ella.

CANÓNIGO (*Desembuchando al fin.*): Pregúntele usted a su esposa.

JOSEFA (*Entrando apresuradamente.*): Su vaso de agua, señor canónigo.

CANÓNIGO (*Cogido en la trampa.*): Precisamente me refería yo a usted.

JOSEFA: ¿Puedo servirle en algo, señor canónigo?

CORREGIDOR: Quiere que yo te pregunte... (*Al canónigo.*) ¿Qué es lo que quiere usted que yo le pregunte?

JOSEFA (*Haciéndose la inocente.*): Alguna receta de cocina, quizá.

CANÓNIGO: Me temo, señora —y lo digo aun a riesgo de parecer descortés— que la cocina no sea su fuerte. O, en todo caso, que prefiere usted los platillos muy condimentados.

JOSEFA: Sal y pimienta, nada más.

CANÓNIGO: ¿Nada más? ¿Entre sus ingredientes no entra la pólvora?

CORREGIDOR: ¿Pero a quién se le ocurre...? ¡Vamos! Eso es una soberana tontería. La pólvora no es un condimento.

JOSEFA: Tal vez el señor canónigo supone que la empleo cuando hago polvorones.

117

CANÓNIGO: ¿Polvorones, dijo usted, o polvorines?

Este juego de ingenio es excesivo para el corregidor, que ha quedado dormido y ahora ronca plácidamente. Los interlocutores hablan en voz baja para no despertarlo.

CANÓNIGO: A buen entendedor, pocas palabras, señora. Lo único que me resta aconsejarle es que se desligue usted, cuanto antes, de personas que están a punto de caer en manos de la ley.

JOSEFA: Mi marido es aquí la ley, y yo caí en sus manos hace ya mucho tiempo. Mírelo usted, ¡ronca como un bendito! Si tiene usted la misma suerte que yo he tenido, no va a lograr despertarlo.

CANÓNIGO: Intentaré aquí lo imposible. Y si, de veras, es imposible, recurriré a otras instancias.

JOSEFA: Eso fue lo que yo hice.

CANÓNIGO: Pero usted no es la manceba —¡Dios me perdone esta palabra!— de ninguno de los involucrados en este sucio asunto.

JOSEFA *(Muy tranquila.)*: Su manceba, no. Su cómplice.

CANÓNIGO *(Sin poder contener un grito.)*: ¡Dios nos tenga misericordia!

CORREGIDOR *(Despertando.)*: ¡Eh! ¡Eh! ¿Qué pasa?

JOSEFA: Que, por fin, llegó la hora del chocolate espeso y de las cuentas claras. Y que el señor canónigo tiene un secreto que comunicarte.

CORREGIDOR: ¿Un secreto?

CANÓNIGO: Señora, ¡que me está usted poniendo en un disparadero!

JOSEFA: Yo voy a vigilar que todo esté a punto. *(Sale.)*

CANÓNIGO *(Tratando de mover al corregidor para que actúe.)*: ¡Deténgala, antes de que sea demasiado tarde!

CORREGIDOR: ¿Se ha vuelto usted loco?

CANÓNIGO: ¡Pronto! ¡Que se nos escapa! ¡Cierren las puertas, las ventanas, los saledizos!

Ruidos confusos afuera. Dos sirvientas traen forzada a Josefa.

CORREGIDOR *(Furioso contra el canónigo.)*: ¿Quiere usted hacerme el favor de decirme de qué se trata?

JOSEFA: Y a mí el favor de que me suelten. No pienso huir.

CANÓNIGO: Se trata de que su mujer es agente de enlace de los insurgentes y que, de no haber

sido detenida, habría puesto al corriente a los demás de que su complot había sido descubierto.

CORREGIDOR *(Haciendo un esfuerzo por ordenar sus ideas, que son pocas, pero que no se dejan manejar fácilmente.):* ¿Mi mujer? ¿Un complot en el que interviene MI MUJER?

JOSEFA *(Súbitamente fiera.):* Sí, tu Josefita, por la que no habrías dado ni cinco centavos.

CORREGIDOR *(Anonadado.):* Josefa... Mi Josefita... ¿por qué me has hecho esto?

JOSEFA *(Lapidaria.):* Porque me aburría.

Oscuro. Para volver, nuevamente, al museo de cera.

CARLOTA *(Que al fin se siente en su salsa.):* El aburrimiento... ¡Si lo sabré yo! El aburrimiento es uno de los grandes motores de la historia. Y la capacidad de aburrimiento de las mujeres es muchísimo mayor que la de los hombres. Lo que no me parece fácil de explicar. A ellos les basta un tablero de ajedrez, una caña de pescar, y ya se dan por satisfechos. A veces les basta todavía menos. Voy a citar, por ejemplo, el caso de Max. Podía pasarse horas y horas mirando el mar.

SOR JUANA: Viviendo en Miramar ¿qué otra cosa

podía hacer? Para hacerme perdonar tan mal chiste voy a proponer una hipótesis: quizá pensaba.

CARLOTA: ¿En qué? No tenía ninguna perspectiva. Con una prole tan numerosa como la que su augusta madre se dio el lujo de tener, las probabilidades de heredar un trono europeo eran mínimas.

JOSEFA: Salvo que Max hubiera sido un genio de la intriga o del crimen.

CARLOTA: ¡El pobre Max! Pasó a la historia gracias a mi histeria. Ah, ¡qué bien recuerdo las grandes escenas que yo organizaba periódicamente en nuestro retiro! Gracias a ellas la vida en común no era, por completo, un páramo.

LUPITA: Y en el momento oportuno, los emisarios de la reacción mexicana les proporcionaron un espejismo: venir a reinar a México.

CARLOTA (*Lírica y arrebatada.*): ¡México! ¡Qué exótico y misterioso nos parecía desde lejos! ¡Qué impronunciable! Y la misión que nos encomendaba la Divina Providencia se manifestaba al fin en todo su esplendor: era redimir a los mexicanos, reconciliarlos y unirlos, civilizarlos.

MALINCHE: Exactamente lo mismo que decían los ideólogos de Hernán Cortés. Nunca, hasta ahora, me di cuenta de que el fracaso de su empresa había sido tan total.

Oscuro. Terraza del Castillo de Chapultepec. Entra Maximiliano y corre hacia él Carlota, para recibirlo con más respeto que efusión.

CARLOTA: Te he seguido con la vista, a lo largo de toda la gran avenida que hemos hecho construir, desde que saliste del palacio hasta que llegaste al castillo.

MAXIMILIANO *(Irónico.)*: ¿Temías que me perdiera?

CARLOTA: Temía yo que te asesinaran.

MAX: ¿Por qué? Los nativos no son unos salvajes. Y si lo fueran, ya Rousseau ha demostrado que los salvajes son, por esencia, buenos.

CARLOTA: No es el caso. Los mexicanos han sido corrompidos, a medias, por la civilización. Eso es lo que los vuelve peligrosos.

MAX: La civilización: el regalo que les hizo la casa de Austria. ¿Es por ello que yo estoy obligado a desfacer el entuerto? Además ¿quiénes son los mexicanos? ¿La élite criolla? ¿Los mestizos? ¿La masa indígena?

CARLOTA: De los indios se encarga su igual: Benito Juárez.

MAX *(Rencoroso.)*: Y tú, que me empujaste hasta aquí, tú, dime ¿de qué te encargas?

CARLOTA: De desempeñar el papel de empera-

triz ante un público que aclimató la etiqueta española convirtiéndola en una mezcla de rigidez y laxitud que resulta imposible de entender, de predecir y de manejar. Delicados y crueles, se entregan con una efusión que sólo se parece al desprecio con que se retiran.

MAX: La mano que mueve la cuna es la mano que mueve al mundo. Pero yo no veo la cuna, Carlota. ¿Dónde está?

CARLOTA (*Tensa de ira contenida.*): Max, no comencemos otra vez.

MAX: Yo no estoy comenzando nada; yo continúo por inercia. Y lo que quiero es terminar de una vez por todas, saber a qué atenerme. ¿Es que lo que yo erija en este país sin memoria va a desplomarse en el momento de mi muerte? ¿Es que no voy a tener siquiera un heredero de mis sueños, de mis trabajos, de mi sangre?

CARLOTA. No alteres los términos. Primero es necesario tener un trono. Después, sólo después, hay que pensar en el sucesor.

MAX: ¿No te hace falta un hijo?

CARLOTA: Mientras no le haya preparado un buen lugar en el mundo, no. Un hijo, como tú o como yo, desclasado, a la merced de cualquier aventurero, a la caza de cualquier corona, ¡no, y mil veces no!

123

Max: Bien. Pues entonces me niego a seguir representando una farsa cuyo único final tiene que ser la catástrofe.

Carlota: ¿Es tan grave la situación?

Max: Los franceses dan por terminado lo que llamaron "su paseo militar por México" y ahora vuelven, cargados de laureles y algunos otros trofeos, a su patria.

Carlota: Eso tenía que ocurrir tarde o temprano. Mientras sea un ejército extranjero el que te sostenga con sus bayonetas, tú no serás verdaderamente un gobernante. Sabías que la presencia de esas tropas aquí era provisional. Te estaban dando tiempo para que organizaras a tus partidarios.

Max: ¿Cuáles?

Carlota: Los nobles, si se le puede llamar así a la aristocracia pulquera y a los otros terratenientes.

Max: Yo diría *la* terrateniente: la iglesia.

Carlota: Mejor aún: la iglesia y la monarquía van siempre juntas.

Max: Cuando la monarquía es sólida. Cuando se tambalea, como la nuestra, se me califica —¡ah, elogiosamente, desde luego!— de librepensador. Eso permite a los fieles seguir el hilo de la lógica

que los lleva hasta mi secreta asociación con la masonería.

CARLOTA: Hay que tomar medidas drásticas. Desde mañana comulgaremos diario, muy solemnemente, en Catedral.

MAX: Nos acusarán de sacrílegos.

CARLOTA (*Paseándose y concentrada en sus pensamientos.*): Tampoco hay una burguesía a la cual recurrir; no hay medio entre los extremos. Entre el harto y el que se muere de hambre no hay sino el odio, la desconfianza y la violencia.

MAX: Pero ahora ese odio, esa desconfianza, esa violencia tienen un nombre: Maximiliano. Yo soy la plaga de las cosechas, la mortandad de los animales, la panza, abultada de lombrices, de los niños. ¡Ah, qué bien ha sabido Juárez aprovechar todas las circunstancias adversas —de las que no se librarán cuando se libren de mí— para achacármelas!

CARLOTA: Así pues, los franceses son, todavía, indispensables.

MAX: Hay otra alternativa.

CARLOTA (*Ansiosa.*): ¿Cuál?

MAX: Regresar con ellos.

CARLOTA (*Furiosa.*): ¿Estás loco? Seríamos el hazmerreír de Europa.

MAX: ¿Qué somos aquí?

CARLOTA: Los usurpadores. Nos aborrecen; pero no se burlan de nosotros.

MAX: Todavía no.

CARLOTA *(Determinada.)*: Nunca. ¿Me oyes, Max? ¡Nunca!

MAX: ¿Qué nueva fantasía se te ocurre?

CARLOTA: Me adelantaré a los fugitivos... iré a la corte de Napoleón, le explicaré lo que aquí ocurre. Lo convenceré de que el retiro de sus tropas es aún prematuro. Que necesitamos únicamente tiempo... tiempo.

MAX: Napoleón cree que lo hemos tenido de sobra.

CARLOTA: Pero si apenas ayer... ¿fue ayer? A veces me confundo con las fechas, con las horas. A veces —porque todo transcurre aquí con una lentitud que vuelve imperceptibles los cambios y todo vuelve a su principio como un círculo que se cierra y como una serpiente que se muerde la cola— a veces tengo la impresión de que los relojes del castillo se han parado.

MAX: Los relojes de Versalles, en cambio, funcionan perfectamente. No, Carlota. Tu argumento carece de fuerza.

CARLOTA: Napoleón tiene que comprender. Yo haré que comprenda.

MAX: ¿Vale la pena tomarse tanto trabajo por

un país extraño que nos rechaza, que nos quisiera extirpar como si fuéramos el tumor maligno del que muere?

CARLOTA: Yo no hablo del país. No me importa. Hablo de nosotros: nos educaron para reinar y no sabemos hacer otra cosa.

MAX: Un rey sin corona... sin descendencia...

CARLOTA: Una reina con voluntad. Yo te juro, Maximiliano, que voy a triunfar o a morir en la demanda.

Oscuro. Vuelta al museo de cera.

CARLOTA *(Con satisfacción.)*: Fue una muerte sensacional: todos los periódicos la comentaron. Hubo peregrinaciones que venían del mundo entero a contemplar el cadáver de una emperatriz sacrificada. Entre tantos homenajes, debo confesar que olvidé por completo a Max. Díganme ¿quién fue su heredero?

ADELITA: No se haga la loca. Usted bien sabe que nosotros lo afusilamos en el Cerro de las Campanas.

CARLOTA *(Decepcionada.)*: Un fusilamiento en un lugar con ese nombre no puede ser trágico.

JOSEFA: No fue trágico, pero fue digno.

127

CARLOTA: ¡No faltaba más! A los reyes se nos adiestra, desde la infancia, a morir comme il faut.

SOR JUANA: Dadas las circunstancias fue un desenlace lógico.

ADELITA: ¿A quién se le ocurre andar pidiendo peras al olmo? Ya se ve *(Por Carlota.)* que el que no conoce a Dios dondequiera se anda hincando. En vez de hacerle la llorona a los poderosos le hubiera hablado al pueblo y otro gallo le cantara.

CARLOTA *(Admitiendo, por primera vez, que Adelita existe.)*: Perdone, señora, pero creo que no hemos sido presentadas.

ADELITA: Señorita, aunque le cueste más trabajo decirlo.

LUPITA *(En el colmo del asombro.)*: ¿Señorita?

ADELITA: Y a mucha honra. De la Adelita se sabe que hasta el propio coronel la respetaba.

SOR JUANA: ¡La pobre! A ella también. ¿No sería interesante, y aun revelador, hacer una estadística de cuántas mujeres en México se han sacado la lotería de que les falten al respeto? Es decir...

Oscuro. Se escucha un corrido revolucionario. La luz se abre al interior de una tienda de campaña. Dos coroneles, absolutamente idénticos —o por lo menos indiscernibles porque su uniforme es

igual— están sentados frente a una mesa donde hay una botella de tequila y dos copas. Nada más.

Coronel 1: Bueno, mi general...

Coronel 2 *(Modesto.):* Coronel nada más, mi coronel.

Coronel 1: No se me insubordine, valedor. Ahorita mismo acabo de ascenderlo a general. Por méritos en campaña.

Coronel 2: Le agradezco mucho, mi coronel.

Coronel 1: ¿Cómo que su coronel? ¿Qué usted no me va a ascender a mí? Nomás se me raja y me lo clareo a tiros.

Coronel 2 *(Sudando y saludando marcialmente.):* Como usted lo ordene, mi general.

General 1: Así sí baila mi hija con el señor. Y ahora que ya somos iguales y ninguno es igualado ¿qué tal si decimos salud?

Llena las copas y están a punto del brindis cuando entra la Adelita y da un manotazo sobre la mesa que hace balancearse la botella de tequila a cuyo rescate se lanzan, a un tiempo, los dos militares.

Adelita: Un momentito, señores. ¿Se puede saber qué están haciendo?

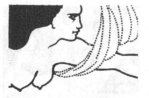

GENERAL 1 *(Tímido.)*: Pos ya lo ve... aquí nomás entrándole a la celebración.

ADELITA: ¿Cuál celebración?

GENERAL 1: Pues verá usted. La cosa comenzó con que aquí mi general...

ADELITA: ¿General? *(Al aludido.)* No dejes que te anden poniendo los ojos verdes. Coronel; y gracias. Además, eres nuestro prisionero de guerra.

GENERAL 1 *(Culpable.)*: Pues usted no está para saberlo, mi querida Adelita, ni mucho menos yo para contarlo, pero la mera verdad es que le concedí el indulto.

ADELITA *(Todavía sin estallar.)*: ¿A cambio de qué?

GENERAL 2: Mire señorita, cuando usted me agarró con sus propias manos en el campo de batalla...

ADELITA: ...porque usted mismo se me vino a poner enfrente y se me rindió. ¿Qué quería que yo hiciera?

GENERAL 2: Pos yo ya me había encomendado a nuestra Morenita del Tepeyac y ella, de seguro, me guió hasta usted. ¿Y quién mejor? Usted, con su corazón de madre...

ADELITA: ¿Yo? ¿Madre? ¡Madre!

GENERAL 2: Pues agarré y dije: a darle. Y aquí me ve: indultado. Y hasta ascendido.

El General 1 le hace señas frenéticas para que se calle, pero el otro no se da cuenta.

ADELITA *(En jarras.):* ¿Y quién lo ascendió, si puede saberse?

GENERAL 2: Pos aquí, mi general.

ADELITA: Uh, pos esto ya parece epidemia. Y usted *(al General 1)* ¿desde cuándo es general?

GENERAL 2: Desde ahoritita mismo. Si eso era lo que íbamos a celebrar.

ADELITA: Conque de mucha aguilita, ¿no? *(Al General 2.)* ¿Y a usted quién se la puso?

GENERAL 2: ¿Por quién más iba a ser, señorita? Pos aquí, mi general.

ADELITA: Como quien dice, dando y dando, pajarito volando.

GENERAL 2: Así que lo íbamos a celebrar y ya que usted se nos pone tan al tiro ¿por qué no nos acompaña?

ADELITA: Porque usted *(Señalando al General 1.)* no tiene ninguna potestad sobre éste, *(Señalando al General 2.)* como no sea para fusilarlo.

GENERAL 2: Mire nomás. ¡Tan bonita y tan rejega! ¿Por qué me habían de fusilar?

ADELITA: Porque usted es el enemigo.

GENERAL 2: Eso depende de desde dónde se

mire. Porque allá me decían que el enemigo eran ustedes. Con tantos líos ¿quién los va a entender?

GENERAL 1 *(Que ha estado bebiendo y empieza a notársele.)*: Momento... momento... Enemigos son los que están del otro lado de la línea. Si hasta a la línea se le llama enemiga.

GENERAL 2: Aquí, en confianza, compadre, ¿usted ha visto alguna vez esa línea?

GENERAL 1: ¡Jamás de los jamases!

GENERAL 2: Yo tampoco. Por eso, cuando vine a ver, ya estaba yo, con perdón sea dicho, en brazos de la señorita.

Se escucha el canto de afuera.

> porque tiene por brazos dos rifles,
> porque tiene por ojos dos balas...

ADELITA: Y yo cumplí con mi deber y lo entregué a mi superior para que cumpliera con su deber de juzgarlo.

GENERAL 1: ¿Y qué otra cosa hice? Lo malo es que hablando se entiende la gente y, una vez que hablamos, decidimos firmar la paz.

GENERAL 2: Eso era lo que estábamos celebrando cuando usted entró así como medio molesta y...

ADELITA: Y les eché a perder la función. Porque este asunto me lo van a barajar más despacio. ¿Dónde están los papeles?

GENERAL 1: ¡Qué papeles ni qué ocho cuartos! Lo que vale es la palabra de hombre.

GENERAL 2: La palabra de hombre a hombre.

ADELITA: ¿Y cuál es esa famosa palabra? ¿Qué dice?

GENERAL 1: Pos que ya estuvo suave ¿no? Que aquí se rompió una taza y que cada quien jala para su casa.

ADELITA: Muy bonito. Y el montón de muertos ¿qué?

GENERAL 2: Usted qué se anda fijando en esas cosas. Si ya hasta se los comieron los zopilotes.

ADELITA: Pero ¿por qué diablos murieron?

GENERAL 1: Porque ya les tocaba. Eso que ni qué.

GENERAL 2: Y a nosotros no nos tocó por puritita suerte. Pero todos corrimos el riesgo parejo. Todos nos metimos en la bola.

Voz afuera, cantando:

vino el remolino y nos alevantó...

GENERAL 1: ¿Nos metimos? ¡Nos metieron! A mí

133

me pusieron un rifle en la mano y me dijeron: si no les das, te damos o te dan.

ADELITA: Y todos, como locos, ¡pum, pum, pum! jugando a la guerrita. Tú, ¿por qué no agarraste el rifle y mataste con él al que te lo dio?

GENERAL 1: Eso mero fue lo que hice. Y ya con dos rifles me nombraron jefe. Y luego me fui encarrerando.

ADELITA: ¿Pero qué perseguías?

GENERAL 1: ¿Que qué perseguía yo? ¡Si me venían persiguiendo a mí los otros! Yo lo único que trataba era de escaparme.

GENERAL 2: Y, a veces, por un pelito... ¡Caray, mi general! esto de la revolufia es cosa seria.

ADELITA: ¡Es el puro relajo!

GENERAL 1: ¡La pura vida, mi hermano! Pero ya es hora de sentar cabeza. Y allá en el pueblo se quedaron mi vieja y mis chilpayates. Les tengo que cumplir.

ADELITA: Claro, y el otro tendrá su noviecita santa, y a nosotros que nos lleve el tren.

GENERAL 1: Adelita, a usted le consta que yo jamás le he faltado.

ADELITA: Yo no hablo de mí, sino de todos los otros que estábamos con usted. ¿Qué es lo que hemos sacado en claro?

GENERAL 1: Eso allá y cada quien con su conciencia. La mía está de lo más tranquila.

GENERAL 2: Y yo ya dije basta. Y cuando yo digo basta, es basta.

ADELITA: Ahora se trata de volver. ¿Adónde?

GENERAL 1: A la hacienda, donde yo era peón acasillado.

ADELITA: Esa hacienda la quemamos, y colgamos nomás al mayordomo, porque los dueños andaban por Uruapan.

GENERAL 2: Yo sí tengo mi trabajo seguro en las minas.

ADELITA: ¿Cuáles minas, hombre de Dios? Si las que no se inundaron las hicimos volar con dinamita. Como los trenes. Así que aunque hubiera dónde volver, no habría manera de volver. Porque, por si ustedes no lo saben, México es el desierto, es la montaña o es el pantano.

GENERAL (*Echando rápidamente mano a su fierro.*): Delante de mí nadien habla mal de mi patria.

ADELITA (*Sin inmutarse.*): Guarde ese juguetito, mi general, para cuando de a deveras le sirva. Porque un general no tiene otro sitio mas que el campo de batalla.

GENERAL 1: ¿Pero contra quién voy a pelear?

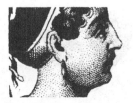

135

Si éste *(Señalando al General 2.)* es mi hermano, mi mero cuate.

ADELITA: Mejor. Ahora los dos juntan sus fuerzas y a darle, como en las posadas se le da a la piñata.

GENERAL 2: ¿Cuál es la piñata?

ADELITA: ¿Pos qué no la ve? Panzona, meciéndose muy por encima de todos, llena de dulces, de frutas, de cosas que se deben de regalar, de repartir entre todos. ¡La piñata son los ricos!

GENERAL 1: Pero contra quienes andamos dando palos de ciego es contra los otros pobres como nosotros.

ADELITA: Eso nos pasa por ignorantes. Pero si hacemos un plan... *(Va a la mesa. Retira la botella y las copas y mira la superficie vacía.)* Aquí lo que debería de haber es un papel.

Oscuro. Cambio al museo de cera.

ADELITA: Hubo un papel, muchos papeles. Con el precio módico de diez millones de muertos logramos convertir a México en un inmenso archivero.

SOR JUANA: Pero los libros de historia dicen que la Revolución triunfó.

ADELITA *(Señalando a Lupita.)*: Si hubiera triun-

fado ¿estaría esta muchacha aquí? ¿Existirían aún muchachas como ella, con padres como los de ella, con novios como el de ella, con vida como la de ella?

Lupita (*Fuera de sí.*): Pues cuando me comparo con ustedes, con cualquiera de ustedes, pienso que tuve mucha suerte y que me saqué la lotería y que...

Chisporroteo y oscuridad total. Las sombras dejan adivinar que hemos vuelto al salón de belleza.

Dueña: ¡Lo que nos faltaba! Un apagón.

Lupita: Y mi pelo está todavía húmedo y no pueden peinarme y hoy me caso y... Dios mío ¿qué voy a hacer, Dios mío? ¿Qué voy a hacer?

TELÓN

TERCER ACTO

Al descorrerse el telón estamos de nuevo en el salón de belleza, todavía a oscuras a causa del cortocircuito. Se escuchan los sollozos entrecortados de Lupita y los consuelos convencionales de la dueña, de la peinadora y de las otras clientes Alguien prende un cerillo; la peinadora encuentra, por fin, una vela, que coloca estratégicamente de modo que ilumine una acción que no es otra que Lupita arrancándose, con furia, los tubos. Su pelo, húmedo, se viene abajo, desordenado y feo. Con tal materia prima no hay nada que hacer y nadie pretende encubrir hecho tan evidente. Lupita se contempla y se echa a llorar a moco tendido.

LUPITA: ¡Es el colmo! ¡El colmo! Nunca me había ocurrido nada semejante en los días de mi vida. Primero la pesadilla, mejor dicho, las pesadillas, porque fueron muchas. Y luego, para acabarla de amolar, el cortocircuito.

DUEÑA *(Muy celosa del prestigio de su establecimiento.)*: Usted misma acaba de reconocer que nunca le había pasado nada igual. Y yo soy testigo de que nunca le había pasado nada igual en *mi* salón. Ni a mí tampoco.

PEINADORA *(Metiendo la pata.)*: ¿No será por lo del aparatito en el secador?

DUEÑA *(Mirándola con ojos de basilisco.)*: Claro que no. Es un apagón en toda la cuadra.

CLIENTE 1: ¿Cuál aparatito?

DUEÑA *(Tratando de salirse por las ramas.)*: Como usted sabe, yo procuro estar siempre al día en la cuestión de los inventos y ofrecer a mi clientela los productos plenamente garantizados y de más alta calidad. El secador, los secadores más bien, son los más modernos que se han hecho en los Estados Unidos. Así es que *no pueden* tener defectos. Esa posibilidad, pues, se descarta. Pero me pregunto... *(Alza la cara de Lupita y la examina escrupulosamente, como si quisiera encontrar algún signo indicador.)* Toda esta serie de contratiempos, ¿no será una especie de advertencia?

LUPITA (*Temblando bajo la mirada inquisitiva de la otra.*): ¿Advertencia de qué?

DUEÑA: De que ese novio no le conviene.

LUPITA (*Como argumento último.*): Pero si no tengo otro. Y aun éste me costó un trabajo encontrarlo, enamorarlo, convencerlo de que se casara conmigo... Para que ahora me salgan ustedes con que no sirve.

PEINADORA: Hay que someterlo a una prueba de fuego: si la ve con esas mechas y todavía insiste en casarse...

LUPITA: ¿Y si no insiste?

CLIENTE 2: El matrimonio no es la vida perdurable. Si usted me pidiera mi consejo yo le diría que...

PEINADORA (*Saltando de gusto.*): ¿Pero cómo no se nos había ocurrido? ¡La solución es facilísima! (*A Lupita.*) ¿Por qué no se pone una peluca? Precisamente acabamos de recibir una colección preciosa. Y usted puede probarse todas y quedarse con la que le siente mejor.

LUPITA (*Mientras la peinadora va a buscar el tesoro recién descubierto, parece desconcertada y no muy convencida.*): Eso de casarse con peluca me da no sé qué... Es como si yo no fuera señorita.

CLIENTE 3: Eso de ser señorita o no ya no tiene

140

la más mínima importancia. Yo sé una receta infalible que me dio mi abuelita...

Comienza a cuchichear en el oído de la novia, mientras la peinadora va colocando las pelucas —cada una en su respectiva cabeza de plástico— de modo que puedan ser contempladas en todo su esplendor y apreciadas en todas sus diferencias y en cada uno de sus detalles. Lupita las mira sin decidirse. Hay que tener en cuenta que ni su humor ni la luz la ayudan. Por fin señala una, al azar.

LUPITA: Ésta.

PEINADORA *(Se la coloca mientras hace su elogio.)*: Es un modelo muy fino, muy elegante. Se llama "Jornada de la soltera".

La peinadora acerca la luz para que el rostro de Lupita se refleje bien en el espejo. Lo que nosotros vamos a ver es lo que se proyecta en una pantalla que hace el telón de fondo. La película muestra un peinado severo y triste, un rostro sin afeites, unos labios fruncidos. En fin, esa expresión severa y vagamente acusadora y culpable de las solteronas. Simultáneamente una voz comienza a recitar un poema. Mientras se desarrolla el texto

se suceden las imágenes. No hay correspondencia exacta entre la palabra y la figura ni ésta es ilustración de aquélla. No debe entenderse así. Es como en Hiroshima, mon amour: *el cine un complemento de lo escrito, no una duplicación.*

JORNADA DE LA SOLTERA

Texto.

Da vergüenza estar sola. El día entero
arde un rubor terrible en su mejilla.
(Pero la otra mejilla está eclipsada.)

La soltera se afana en quehacer de ceniza,
en labores sin mérito y sin fruto;
y a la hora en que los deudos se congregan
alrededor del fuego, del relato,
se escucha el alarido
de una mujer que grita en un páramo
　　inmenso
en el que cada peña, cada tronco
carcomido de incendios, cada rama
retorcida, es un juez
o es un testigo sin misericordia.

De noche la soltera
se tiende sobre el lecho de agonía.

Brota un sudor de angustia a humedecer las
    sábanas
y el vacío se puebla
de diálogos y hombres inventados.

Y la soltera aguarda, aguarda, aguarda.

Y no puede nacer en su hijo, en sus entrañas,
y no puede morir
en su cuerpo remoto, inexplorado,
planeta que el astrónomo calcula,
que existe aunque no ha visto.

Asomada a un cristal opaco la soltera
—astro extinguido— pinta con un lápiz
en sus labios la sangre que no tiene.

Y sonríe ante un amanecer sin nadie.

JORNADA DE LA SOLTERA

Imágenes.

*1. Un gran pizarrón. Lupita, de espaldas, con un
traje negro, escribe, en hermosa y clara letra Pal-
mer, la conjugación en tiempo presente del verbo
"amar".*

Yo amo	Nosotros amamos
Tú amas	Vosotros amáis
Él ama	Ellos aman

Cuando termina se vuelve hacia un salón de clase completamente vacío.

2. *Oficina de una secretaria. Lupita escribe con rapidez y precisión en la máquina, copiando sus apuntes taquigráficos. Cuando termina y saca el papel de la máquina intenta leerlo. Sus ojos, es decir la lente de la cámara cinematográfica, se posan sobre una página totalmente en blanco.*

3. *Interior de un cuarto de hospital. Lupita, enfermera, empuja una de esas mesitas rodantes en las que se transporta el instrumental médico. Lupita se detiene junto a un lecho y comienza a examinar los instrumentos de que va a servirse para curar al enfermo. La delicadeza de sus movimientos es exquisita. Pero sobre la cama no hay mas que una estatua yacente, más allá de toda ayuda humana. Lupita vuelve a colocar los instrumentos en su sitio y va a sentarse en una silla junto a la ventana.*

4. *El rostro de Lupita tras el vidrio de otra ven-*

tana, opaco por la neblina del amanecer. Con la mano Lupita limpia un pedazo del cristal para poder mirar hacia afuera. En la calle pasan ciclistas anónimos, camiones barredores, autobuses escolares todavía sin niños, una mujer embarazada con una canasta de compra al brazo. La visión vuelve a nublarse hasta desaparecer por completo, pero ahora no es por la humedad de afuera sino por las lágrimas de la contempladora.

Oscuro. Otra vez el salón de belleza. Lupita se apresura a quitarse la peluca.

LUPITA: No, ésta no. Me queda horrible.

DUEÑA: Y, sin embargo, aquí en México siempre se ha llevado mucho.

LUPITA *(Como amenazada.)*: No me importa si se lleva o no. El caso es que no me la pongo.

PEINADORA *(Solícita.)*: Quizá ésta le siente mejor. Tiene un nombre precioso... aunque un poco atrevido. Se llama "Flor de Fango".

CLIENTE 1: Ah, ésa nunca pasa de moda.

Oscuro. Calle. Un farol. Lupita, pintarrajeada y con uniforme de prostituta, se apoya contra el farol en una muy convencional actitud de espera. Fuma. Pasea contoneándose como los boxeadores

145

*que hacen "sombra" antes del encuentro real con
el adversario. Vuelve a su sitio. De pronto aparece, también con su respectivo uniforme, el Cinturita. A lo lejos se oye, con perfecta claridad, al
músico poeta tosiendo una de sus grandes crea-
ciones.*

Vende caro tu amor... aventurera.
Da el precio del dolor a tu pasado
y aquel que de tu boca la miel quiera
que pague con diamantes tu pecaaaado.

CINTURITA *(Se acerca, sinuosamente, a su presa.)*:
Buenas noches, señorita. ¿Me haría usted el favor
de darme la hora?

LUPITA *(Inexperta.)*: Discúlpeme usted, joven,
pero no tengo reloj.

CINTURITA: ¿Todavía no alcanza a tener reloj,
o ya se lo robaron? Ay, señorita, señorita, por más
prisa que uno se da, siempre se corre el riesgo de
llegar demasiado tarde.

LUPITA: ¿Tarde para qué?

CINTURITA: Para protegerla. ¿Cómo se le ocu-
rren tamañas imprudencias? Andar a deshoras de
la noche y por estos rumbos... Cualquiera puede
equivocarse y tomarla por lo que usted no es.

Lupita: Pero *sí* soy. Tengo mi licencia de Salubridad y todo.

Cinturita: Digo... equivocarse pensando que es usted una estudiante, una secretaria, una hija de familia. No todos tienen el ojo clínico que tengo yo.

Lupita: Y suponiendo que se equivocan ¿qué?

Cinturita: ¿Cómo qué? Pueden robarle el reloj... o lo que traiga. Las mujeres, como usted sabe por experiencia, no deben de andar solas, sino siempre bajo mano de hombre. Y usted ¿para qué va a meterse entre las patas de los caballos cuando aquí tiene a su mero mero papachón?

El Cinturita intenta abrazar a la neófita sin advertir que otra prostituta ha estado observando la escena y aproximándose paulatina y amenazadoramente a los dos.

Prostituta *(Al Cinturita.)*: El mero mero papachón ¿de quién?

Cinturita *(Grosero.)*: Quítese de aquí, vieja jija. ¿Qué no ve que estoy en los business?

Prostituta *(Sin dejarse impresionar por el término técnico.)*: Yo lo único que veo es que una jija de la rejija se ha venido a parar a *mi* poste y

anda haciendo maniobras para quitarme a *mi* hombre.

LUPITA (*Engallada.*): La calle es de todos.

PROSTITUTA: Te equivocas, chiquita. La calle es de quien la trabaja, como dijo el otro. Así es que a ahuecar el ala, pero ya, y a echar pulgas a otra parte.

LUPITA (*Retadora.*): Y usted qué dijo: esta babosa ya se fue. Pues no. Yo aquí me quedo. A ver quién me saca.

PROSTITUTA: Pues para luego es tarde. Ándele, éntrele.

Ambas se arremangan, se escupen las manos y se disponen a pelear como si fueran verduleras. Lupita adopta, desde el principio, una actitud defensiva. La otra, violenta, es detenida, con fuerza, por el Cinturita.

PROSTITUTA: ¡Suéltame, canijo! ¿Qué no ves cómo estoy? (*Truculenta.*) La boca me sabe a sangre y las manos a panteón.

LUPITA: ¡Uy, qué miedo! ¡Ándele, aviéntese!

CINTURITA (*Con voz autoritaria que paraliza a ambas.*): ¡Un momento! ¿Quién es el que manda aquí?

PROSTITUTA *(Dejando caer, resignadamente, los brazos.):* Eso ni se pregunta. Ya se sabe que tú.

CINTURITA: Entonces ¿para qué son tantos brincos si está el suelo tan parejo?

LUPITA *(Al Cinturita.):* Usted fue testigo. Ella fue la que empezó. Yo andaba aquí, muy quitada de ruidos, sin molestar a nadie, porque no hay para qué, cuando ésta se me abalanza hecha la mocha.

PROSTITUTA: Ésta tiene un nombre, por si no lo sabías.

LUPITA: Pero mejor no se lo digo porque va a decir que la ando provocando.

PROSTITUTA: Ay, sí, tan inocente. Si salto es porque me pisan. *(Al Cinturita, como si fuera el que tiene que decidir.)* Tú eres testigo de que ésta me andaba haciendo topillos con mis derechos.

LUPITA: ¿Y qué voy a saber yo de sus derechos? ¿Qué acaso ese poste tiene letrero que diga que es propiedad particular de la puta más hija de puta de las hijas de puta de este rumbo?

La prostituta vuelve a enfurecerse y el Cinturita a refrenarla.

PROSTITUTA *(Dándose por vencida.):* ¡Bah! *(Al*

149

Cinturita.) Tú explícale, porque yo no sé si es o si se hace.

CINTURITA *(A Lupita.)*: Usted sabe cómo funciona este negocio.

LUPITA: Pues bien a bien, no. Como soy nueva.

PROSTITUTA: Juar, juar, juar. *(Cantando.)* "Señor no puedo —dar mis amores —soy virgencita —vivo entre flores". Voy, voy. Mejor que me cuenten una de vaqueros.

CINTURITA *(A la prostituta.)*: ¡Cállate! *(A Lupita.)* Pues si no sabe, con mayor razón hay que enseñarle. Fíjese bien: la calle está dividida por áreas de influencia. En cada área hay un grupo de trabajadoras. Su radio de acción *(Saca un mapa que se proyecta en la pantalla al fondo del escenario y que es igual a los mapas de operaciones de guerra.)* está perfectamente determinado. Se trata, desde luego, de unidades móviles; pueden avanzar, retroceder, inclinarse hacia un flanco o hacia el otro, de acuerdo con las necesidades tácticas. Pero lo que no pueden hacer nunca, bajo ninguna circunstancia, es invadir el área de influencia ajena.

LUPITA *(Boquiabierta.)*: ¡Es bien complicado! ¿Y quién vigila que las cosas ocurran conforme a derecho?

CINTURITA: En esta área el de la influencia soy

yo. Desde el momento en que se abre el negocio
—que es más puntual que una corrida de toros y
más de fiar que la lotería— yo ando patrullando
para que no haya dificultades, malentendidos como el que hace rato hubo entre ustedes. Y no es
por echármelas, pero yo tengo una mirada de águila. Ya ve usted: ni siquiera acababa usted de apoyarse en el poste...

PROSTITUTA: En *mi* poste.

CINTURITA: ...cuando yo me le apersoné. Y,
por si las moscas, para no faltarle al respeto, le hice
una pregunta de lo más decente. Y, a propósito:
no es bueno que usted ande sin reloj.

LUPITA: ¿Por qué?

PROSTITUTA (*Carcajeándose.*): A ésta sí que la
bajaron del cerro a tamborazos. No sabe nada de
nada. ¿Por qué? Juar, juar.

CINTURITA (*Paciente.*): Porque la tarifa la establecemos y la cobramos de acuerdo con la hora.

LUPITA: ¿La establecemos y cobramos? Eso me
suena a desfile. ¿Quiénes?

CINTURITA: Usted y yo.

PROSTITUTA: Y yo también. ¿O qué soy hija de
gendarme para que se me ningunee así como así?

CINTURITA: Y tampoco son ustedes las únicas.
(*A la prostituta.*) Ni te hagas ilusiones ni se las hagas a tu compañera.

PROSTITUTA: No, si ya sabemos que aquí nomás tus chicharrones truenan y que el que no lo quiera creer que vaya y... vuelva a la tarde.

LUPITA: Conque el señor es muy popular.

CINTURITA: Lo que pasa es que uno tiene su personalidad. Además de que soy abusado, pero nunca abusivo. Si hago un buen trabajo ¿por qué no he de ganar un buen sueldo?

LUPITA: ¿No más por vigilar?

CINTURITA: Y también por proteger. Si yo no hubiera estado presente cuando se le abalanzó la otra ya estaría usted, a estas horas, dándole cuentas a San Pedro.

LUPITA (Agresiva.): ¡A poco es tan buena para los catorrazos! ¡Y a poco yo soy manca!

CINTURITA (Profesional.): Bien se ve que no. A usted no le falta nada, pero lo que se dice nada.

LUPITA: No estoy tan mal para ser del país ¿eh?

CINTURITA: Por eso mismo tiene que cuidarse, no andarse exponiendo a entrar en el callejón de las cachetadas.

LUPITA: Así es que ya le debo un favor.

CINTURITA: Digamos que ésta fue una muestra gratis. Si le gusta el producto, lo compra.

LUPITA: ¿Y si no?

CINTURITA: Se va a otra área de influencia... organizada exactamente igual que ésta. ¿Y cuál se-

ría la ventaja? La competencia es la misma, el jefe de vigilancia tiene las mismas funciones y exige el mismo pago. Eso en lo que se refiere a nosotros: la cabeza. En cuanto a ustedes, el hecho de andar de un lado para otro...

LUPITA: ...como mariposas de flor en flor...

CINTURITA: no se ve bien. No se ve nada bien. Se adquiere mala fama, se piensa que se trata de una trabajadora indisciplinada...

PROSTITUTA: ...rejega...

CINTURITA: ...y se actúa en consecuencia. Si no entiende por las buenas, se le aprietan los tornillos. Y si no entiende por las malas *(Hace ademán de degollamiento.)* ¡kaputt!

PROSTITUTA: Ándale, déjate de echar pedradas.

LUPITA: Así que, como quien dice, al dar el primer paso dentro de esta área de influencia ya escogí. Y aquí me quedo y aquí me estoy.

PROSTITUTA: No *aquí. Aquí* la que trabaja soy yo.

CINTURITA *(A Lupita.)*: Ya le buscaremos acomodo. No se preocupe. Lo que sí es que, sea el que sea el sitio que se le designe, tiene que saber las reglas básicas del juego. Aquí le regalo un manual. *(El Cinturita le hace entrega de un cuaderno.)* Léalo, estúdielo, apréndaselo de memoria porque le va a ser muy útil.

LUPITA *(Hojeándolo.)*: ¿Y si hay algo que no entiendo?

CINTURITA: Me consulta. O lo discute con alguna de sus colegas. *(Mirando su reloj.)* No hay más tiempo que perder. Yo tengo que seguir mi ronda. *(A la prostituta.)* Ahí te la encargo. Cuida que ésta no vaya a meter la pata.

PROSTITUTA *(Rencorosa.)*: Si yo hubiera servido para nana estaría en un palacio. Y no aquí, a sol y sereno. *(El Cinturita desaparace sin hacer caso. La prostituta se resigna y le tiende una mano a Lupita.)* Así que cuatas, ¿no? De aquí a la eternidad, pasando por el hospital.

LUPITA: Usted dirá. Lo que es por mí, no queda.

PROSTITUTA: Chócala. Oye ¿y cómo viniste a parar en esto?

LUPITA *(Despreocupada.)*: Pura onda. Desde chiquita me gustaba darle vuelo a la hilacha, y una vez que ya no tuve respeto de padre agarré y dije: ya vas.

PROSTITUTA *(Mirándola con suspicacia y, al convencerse de la sinceridad, viendo a su alrededor para cerciorarse de que nadie ha escuchado.)*: ¡Shhh, cállate! eso no se dice.

LUPITA: ¿Por qué?

PROSTITUTA: Porque desanimas a la clientela. El cliente, métete bien ésto en la choya, es un ene-

migo. Y lo que le gusta es pensar que te está chingando. Que eres una infeliz, tan infeliz que ni siquiera te das cuenta de si él es muy macho o no. Tan desdichada que, aunque sea un desdichado cabrón, seas tú la que provoque lástima, no él. ¿Y quién va a creer en tu desgracia si no caíste contra tu voluntad?

LUPITA: Okey. ¿Quién me empujó?

PROSTITUTA: Eso es lo de menos: el novio, que te dejó vestida y alborotada. El padre, que se murió y te quedaste huérfana y con el titipuchal de hermanitos a tu cargo. Y la miseria. Y el enfermo incurable en la familia, al que hay que mantener en el hospital. Y la hermanita que está de interna en un colegio de monjas y que no sabe nada de la vida, de la mala vida que llevas para guardar su pureza. Agáchate. Sin miedo. Mientras más te agaches, más te pagan.

LUPITA: O me pegan.

PROSTITUTA: También. Pero ése es un capricho muy costoso.

LUPITA: Lo que no alcanzo a comprender es cómo los clientes pueden ser tan pendejos de pensar que uno viene aquí porque no hay de otra. ¿Y los demás trabajos?

PROSTITUTA: Los probaste todos y no te dio chispa ninguno. Patrones que te daban el sueldo tar-

de, mal o nunca. Patrones que te apachurraban detrás de las puertas. Hijos de familia que no querían más que joderte. En cambio aquí... Aquí, chiquita, se cobra por adelantado. Porque luego te salen con el cuento de que olvidaron la cartera en el otro pantalón... o de que era la primera vez y que eso es como si te persignaras, te va a traer buena suerte...

LUPITA: ¿Y no es verdad?

PROSTITUTA: Claro que no, taruga. O te ponen los ojos verdes de que te están probando a ver si te redimen y se casan contigo... y que te van a comprar brillantes... y que...

Mientras las dos mujeres hablan van alejándose. La luz del farol se apaga y volvemos al salón de belleza, donde una Lupita asqueada se quita la peluca.

LUPITA: ¡Pero qué cosa más vulgar! Más... ¿cómo se dice?

DUEÑA: Pues le quedaba que ni mandada a hacer.

PEINADORA: ¡Cuántas no soñarán con poder usarla!

LUPITA: Pero yo no. Todos estos rizos encimados, hechos como un enjambre...

DUEÑA: No me va usted a negar que los rizos son preciosos.

LUPITA: Pero no se pueden distinguir uno de otro. Me gustaría una peluca más sencilla, no esa pelambrera de Blackamán.

PEINADORA: Ya entiendo lo que quiere. Algo sencillito. Un solo rizo, pero bien hecho, que haga resaltar la finura de las facciones.

LUPITA: ¡Dios mío! ¿Y ese apagón no se va a terminar nunca?

DUEÑA: ¿Qué más nos da a estas alturas que se termine o no? De cualquier modo, ya no tendríamos tiempo de peinarla. Tiene que apechugar con la peluca.

LUPITA: ¡Qué mala pata! Todas las contrariedades juntas en el día de la boda.

DUEÑA: Es un día como cualquier otro.

LUPITA: No, no es un día como cualquier otro ni muchísimo menos. Es un día especial, único.

DUEÑA: Eso depende. Pero no se ande con habladas, porque nosotras no tenemos la culpa. Mi salón está en las guías de turismo, recomendado para los extranjeros que pagan en dólares y reconocido como de primera clase. Que se vaya la luz es cuestión del gobierno. Tan a gusto que estábamos antes de esto de la nacionalización de la elec-

tricidad. Pero ya se sabe: en cuanto el gobierno expropia o compra algo, es porque ya no funciona.

LUPITA *(Siguiendo su propio hilo de pensamientos.)*: ¿No será una especie de advertencia, de aviso?

DUEÑA: ¡Qué va! Negocio, puritito negocio. Son cosas que se arreglan entre los prestanombres por un lado y los vendepatrias por el otro. *(Un poco incómoda por la magnitud de tales palabras, se apresura a añadir.)* Eso dice mi cuñado.

LUPITA *(Horrorizada.)*: Porque, a la mejor, lo que Dios quiere es que yo me quede soltera.

CLIENTE 1: Entre vestir santos y desvestir borrachos no hay ni a cuál ir.

DUEÑA: ...y mi cuñado es una autoridad en cuestiones de política. Desde que, por intrigas, le quitaron el puesto de inspector de Aduanas...

LUPITA: ¡No puede ser! ¡No puede ser! *(A la peinadora.)* Señorita, apúrese.

PEINADORA: Aquí está. *(Le muestra la peluca.)* ¿Qué le parece?

LUPITA *(Dubitativa.)*: Pues es bonita... pero a ver cómo me queda.

DUEÑA: Es un modelo muy tradicional, muy discreto. Se llama "Usurpadora".

Oscuro. Se sugiere una recámara, oscura también,

en la que se escucha la voz de Lupita saliendo de
una grabadora.

LUPITA: Doctora Corazón: ¿Se atreverá usted a
publicar esta carta en su columna? Porque no es
una petición de consejo, sino una declaración de
principios: es el amor, sí, el amor, lo único por lo
que vale la pena vivir.

Muchas mujeres lo intuyen, con el sexto sentido
con que las dotó la naturaleza. Pero prefieren obedecer los convencionalismos de una sociedad hipócrita, sencillamente hipócrita, que no se cuida mas
que de las apariencias. Hay otras que, pasando
muy cerca del amor, no han sabido reconocerlo
porque las ciega el egoísmo y el miedo. Y hay
quienes, pobrecitas, nunca vieron su vida ilumi-
nada por ese rayo de sol, criaturas que se marchi-
taron, como un rosal enfermo, sin llegar nunca a
florecer. A las primeras, mi desprecio; a las últimas, mi compasión. Porque yo, Doctora, yo he
sido una de las elegidas del Dios Cupido. Yo conocí el amor y, como dice nuestro inmortal músi-
co-poeta... ¡es muy hermoso!

Él y yo nos encontramos porque así lo dispuso
el destino. Él se creía ya en el ocaso de la vida.
"La nieve del tiempo blanqueaba su sien". Yo
estaba en la plenitud de la primavera y era su se-

cretaria. Adiviné, tras aquellos rasgos austeros, tras aquel escritorio de ejecutivo, una pena secreta. ¡Su esposa no lo comprendía! A él, que había sacrificado su juventud y su felicidad para saldar, caballerosamente, una deuda de honor. Ella, la esposa, lució, con una impudicia sin límites, un traje blanco de guipure, que su ligereza ya había mancillado, un ramo de azahares artificiales, que la pasión había ya teñido de rojo. Él aceptó esta burla a los sagrados emblemas de la virtud para no humillar a quien había pecado. Lo hizo, en fin, para no deslucir la ceremonia. ¡Y el anillo de bodas fue el grillete con que se ató la libertad de quien siempre había volado, ligero como el ave!

Cuando él y yo nos conocimos, él había renunciado a la esperanza de vivir. Vegetaba. Pero el amor, nuestro amor, dio nuevos ímpetus a su alma, nuevas ilusiones a su porvenir, nuevos rumbos a su horizonte. Abrió varias sucursales de su negocio y aquel hombre, que había olvidado la sonrisa, sonrió de nuevo cuando supo que yo correspondía ¡y con creces! a sus sentimientos.

¡Humanidad pigmea! ¡Cuántos obstáculos quisiste interponer entre los dos! Mis padres me desconocieron, mis compañeras me daban la espalda o me pedían la receta, mis superiores me hicieron proposiciones deshonestas.

Pero yo mantuve siempre la frente muy alta ante todos. ¿Pecadora? No. Enamorada. Y fue el amor el que me condujo...

Todavía en tinieblas se escucha otra voz, irritada y real, que dice:

CRIADA: ¡Otra vez la burra al trigo! *(Tropieza con algo.)* ¡Ay!

Cae la grabadora. La criada prende la luz. Vemos ahora los detalles de la recámara. Lupita está tendida boca abajo en una cama matrimonial, roncando. La criada se acerca y, sin contemplaciones, la sacude para despertarla.

CRIADA: ¡Señora!

LUPITA *(Revolviéndose furiosa.)*: ¡Déjame en paz! ¿Qué no ves que estoy durmiendo? ¿Qué ni eso tengo derecho a hacer?

CRIADA: Durmiendo con la grabadora conectada.

LUPITA: Necesito oir la voz de alguien. Me da miedo dormir sola. Siempre, desde chiquita. Y tú te subes a la azotea y si te vi no me acuerdo.

CRIADA *(Tratando de poner un poco de orden en el caos.)*: Cada uno en su lugar, señora. ¿Qué

diría el señor si llegara de repente y me encontrara aquí?

LUPITA (*Con amargura.*): Él nunca llega de repente. Sólo en los días que le toca.

CRIADA: Hoy le toca.

LUPITA (*Recuperando, de golpe, la lucidez.*): ¿Hoy? ¿Qué día es hoy? ¿Miércoles?

CRIADA: Miércoles.

LUPITA: ¿Y qué horas son? ¿Por qué no me despertaste antes? El señor va a venir y me va a encontrar así, hecha una facha, despeinada, en bata y con pantuflas...

CRIADA: Igualito que su mujer.

LUPITA: Prepárame el baño, ándale. ¡Rápido! Échale sales aromáticas al agua. Quiero que todo mi cuerpo huela bien, como una flor.

La criada disimula una sonrisa de burla y desaparece. Se escucha el rumor del agua que va llenando la tina. Lupita se inspecciona ante el espejo.

LUPITA: El manicure está bien todavía; aguanta. Pero lo que es el pelo... (*Gritando a la criada.*) ¿Qué me aconsejas ponerme?

CRIADA: Lo que sea más difícil quitarse.

LUPITA (*Riendo.*): ¿Por qué?

CRIADA: Para que el señor se haga ilusiones de que la está sometiendo, de que la está forzando.

LUPITA: ¿Dónde aprendiste tú tantas mañas?

CRIADA: He trabajado con otras señoras, en otras casas chicas. Usted leyó las cartas de referencia.

LUPITA: Sí. Y tus patronas parecían estimarte mucho. ¿Por qué te dejaron o por qué las dejaste?

CRIADA: Ni me dejaron ni las dejé. Se acabó el trabajo.

LUPITA *(Petrificada.)*: ¿Cómo?

CRIADA: Se cerró la casa.

LUPITA: ¡Pero eso no puede ser! ¿Dejó de asistir el señor?

CRIADA: Poquito a poco, no de golpe. Primero las visitas eran más espaciadas.

LUPITA: Y cortas. El señor tenía trabajo, compromisos con la familia...

CRIADA: ¿Y yo qué se? A mí nadie me daba explicaciones. Yo sólo veía que entraba el señor y que volvía a salir como de rayo. A veces no tenía tiempo ni de subir a ver a la señora y me dejaba a mí el gasto.

LUPITA: ¿Y las señoras?

CRIADA: A las señoras les daba el soponcio, como es natural.

LUPITA: ¿Y no hacían algo?

CRIADA: ¿Qué?

LUPITA: Hablar por teléfono...

CRIADA *(Realista.)*: ¿Cómo se iban a atrever? Si lo tenían reteprohibido.

LUPITA: Y la próxima vez, cuando estaban con el señor ¿no le reclamaban nada?

CRIADA: Bueno, eso depende. Si la señora tenía prisa porque todo se acabara (tal vez ya se había encontrado otro señor) ...

LUPITA: ¿Cómo que otro? Pero si el señor es el señor. El único.

CRIADA: El único. Mientras dura. Voy a ver si ya está llena la tina. *(Sale.)*

LUPITA *(Angustiada.)*: Eso no me puede pasar a mí. Lo nuestro es amor. Yo he renunciado a todo por él. He consentido en vivir aislada, como una leprosa, para no perjudicar su nombre. Jamás le pido que me saque ni que me exhiba en público. Cada vez que he salido embarazada me las he agenciado para abortar. Sin decirle nada siquiera, para que *él* no se sienta ni culpable ni asqueado. Sin pedirle dinero para la operación, sino arañando de lo que me da. Y siempre que viene me encuentra arreglada y contenta. Siempre que viene... *(A la criada.)* ¿Te acuerdas de cómo era al principio? El señor venía diario...

CRIADA: ¡Ay, sí, qué horror! Había un montón de trabajo: las tres comidas, las sábanas sucias...

LUPITA: Tú nunca protestaste.

CRIADA: No valía la pena. Yo sabía que no iba a durar. Como todos. Llamarada de petate.

LUPITA: Luego empezó a venir un día sí y un día no.

CRIADA: Si le digo, señora. Todititos sin iguales.

LUPITA: Y ahora sólo me concede los miércoles. Porque el sábado tiene que llevar a su esposa al teatro y a cenar.

CRIADA: No la envidie usted a ella, señora, que a la pobre le va más o menos como a usted. O peor. Guisando, lavando, trapeando, lidiando con los niños la semana entera. Eso ni yo.

LUPITA: Y el domingo hay que ir a misa y comer en familia.

CRIADA: Tiene que cumplir.

LUPITA: Y el lunes es la reunión semanal de ejecutivos; y el martes es la cena del club.

CRIADA: Y el miércoles le toca a usted. Cabal.

LUPITA: ¡Ningún cabal! ¿Por qué el jueves y el viernes no? A ver, explícame, ¿por qué no?

CRIADA: Serán fiestas movibles.

LUPITA: Pero ¿cómo no se me había ocurrido? Tiene una nueva secretaria, ¿sabías? Pero eso sí, lo juro por mi madre que murió con la pena de verme deshonrada, que si me está jugando rudo yo lo mato, lo mato y lo mato.

Teléfono. Las dos mujeres contemplan el aparato que insiste en llamar. Por fin, la criada descuelga la bocina.

CRIADA: ¿Bueno? Sí. Sí. Ahorita se la paso. *(Cubriendo la bocina con la mano y dándole el aparato a Lupita.)* Es el señor.

LUPITA *(Toma el aparato con una especie de reverencia y temor y le hace señas a la criada de que se vaya.):* Sí, mi vida, sí, soy yo. *(Un largo silencio, durante el cual la cara de Lupita va expresando desde la dolorosa sorpresa hasta el desencanto y el esfuerzo por disimular su ira.)* Sí, claro. Llegaron de improviso. No, no. ¿Cómo voy a estar enojada? Triste, sí, porque te amo. Pero me hace feliz saber que eres feliz tú. No, no te preocupes. Tú sabes que yo no me aburro nunca. Siempre hay algo que hacer en la casa. Hasta... ¿hasta cuándo, entonces? ¿Hasta el miércoles próximo? Es como un siglo para mí. Pero no, no te apures. Cuando nos veamos de nuevo será como una luna de miel. *(Silencio muy tenso.)* Perdón. Ya sé que no te gusta que diga cursilerías... pero... *(Queda mirando el teléfono, en el que se escucha claramente el "clic" de que se ha cortado la comunicación.)*

Entra la criada, de puntas, como si se tratara de un velorio.

LUPITA *(Mostrando la bocina como una evidencia inculpadora. Con lágrimas en la voz.)*: ¿Lo viste? El muy desgraciado me dejó con la palabra en la boca.

CRIADA: Ha de haber estado la legítima rondando por allí cerca.

LUPITA *(Que no acaba de creerlo.)*: ¡Me cortó la comunicación! ¡Me colgó!

CRIADA: No lo tome así. Le va a caer sangre en su corazón, como dicen en mi tierra.

LUPITA: La legítima. Ella nunca pudo llamarse de otro modo. En cambio yo soy la querida. A la querida se la quiere.

CRIADA: Ya el mismo nombre lo dice.

LUPITA *(Abatida.)*: ¿Sabes? Como que se me quitaron las ganas de bañarme.

CRIADA: Es un desperdicio y Dios la va a castigar. ¡El agua huele a gloria!

LUPITA: Aprovéchala tú.

CRIADA *(Incrédula y feliz.)*: ¿De veras, señora? ¿De veras?

LUPITA: Claro que de veras. A ti te hará mejor provecho que a mí. Tienes novio, ¿no?

CRIADA: Nosotros no le decimos así, pero viene

a ser lo mismo. ¡Ay, qué bueno! Porque ya me estaba reclamando: ¿y tu baño de espuma? me decía. Estate sosiego, le contestaba yo. Ya va a ser tiempo. Y tal como lo dije está pasando. El tiempo se cumplió.

LUPITA *(Vulgar.)*: Pues a darle, que es mole de olla. Estuviste conmigo en las duras y ahora te tocan las maduras. Ah, antes de meterte al baño, tráeme la botella de cognac y una copa.

CRIADA: No es bueno, señora.

LUPITA: ¿Por qué no? Voy a brindar por el placer, por el amor y por la vida, como los bohemios.

CRIADA: No es bueno que se acostumbre al cognac, señora. Porque después no va a haber. ¿Por qué no mejor le entra de una vez al tequila?

LUPITA: Y de paso hago patria, consumiendo lo que el país produce. Trae lo que sea, pero que sea pronto.

Mientras la criada va a cumplir la orden, Lupita cierra las cortinas, apaga la luz y conecta de nuevo la grabadora.

VOZ: Doctora Corazón, ¿se atreverá usted a publicar esta carta en su columna?

Silencio. Vuelve la luz para iluminar el salón de belleza.

168

Lupita *(Quitándose la peluca.)*: Pues no, definitivamente no.

Dueña: Le queda tan bien, se ve tan romántica, tan triste...

Lupita: Pero no, no es eso lo que quiero. Algo más original, menos visto.

Peinadora: ¿Qué le parece ésta? Es una novedad. Se acaba de lanzar al mercado. No hemos vendido todavía ni una.

Lupita *(Tomando la peluca y leyendo la etiqueta.)*: "Mujer de acción." Hmmm. El nombre no es muy atractivo.

Dueña: Pero pruébesela. Nada se pierde con probar.

Lupita: Salvo el tiempo...

Oscuro. Después, bajo un spot de luz, Lupita vestida de reportera, activa, enérgica, emprendedora, audaz. Entre su equipo de trabajo figuran papeles y una grabadora. Lee, en voz alta, un instructivo.

Lupita: Entrevistar a... *(Se salta los nombres.)* Insistir en el lado humano del personaje. Poner de relieve su vida privada ejemplar. No hacer mención de sus creencias religiosas, aunque sean católicas, ni discutir su ideología política, aunque

169

pertenezca al PRI. Todo texto estará sujeto, antes de publicarse, a la revisión y rectificaciones del Jefe de Redacción del periódico. La empresa no paga mas que los textos aprobados y publicados. Okey, okey, ya entendí. *(Abriendo una tarjeta.)* ¿Qué es esto? Ah, la invitación para el banquete anual en que se celebra la libertad de prensa. Hay que caerse cadáver con la cuota. Bueno, pues a chambear. Ni modo.

Oscuro. Otro spot de luz. Lupita frente a la celebridad a la que entrevista. Ambas están sentadas. Lupita prepara el funcionamiento de la grabadora. La celebridad se reclina contra el respaldo de la silla y busca, a tientas, la mano de un hombre que es su marido, su guardaespaldas, su empresario, su jefe de relaciones públicas, su oráculo, su administrador, etc.

Lupita *(Lista.)*: ¿Me quiere dar su nombre, por favor?

Celebridad *(Ofendida.)*: Bueno... esto es muy curioso. Yo pensé que usted ya lo sabía.

Lupita: ¿Por qué tenía que saberlo?

Celebridad: Pues... porque soy famosa.

Lupita: ¿Y quién la hizo famosa?

Marido *(Conciliador, a la celebridad.)*: No dis-

cutas con el cuarto poder, querida. Mi esposa se llama Lucrecia Galindo.

LUPITA (*Ocupada en vigilar el funcionamiento de la grabadora y en apuntar en su block los detalles más relevantes del ambiente, no posa su mirada en sus interlocutores. Así que no ve la expresión de la celebridad cuando suelta la segunda pregunta.*): ¿Y a qué se dedica usted?

LUCRECIA: ¡Realmente es el colmo!

MARIDO (*Sobándole el lomo, como a los gatos, para apaciguarla. A Lupita.*): Es una virtuosa del piano y acaba de ganar un concurso internacional en Moscú.

LUPITA: No, no puede ser.

LUCRECIA: ¿Cómo que no? Si allí tengo el diploma... (*Trata de levantarse para exhibirlo, pero su marido la detiene.*)

MARIDO (*A Lupita.*): ¿Duda usted de nuestra veracidad?

LUPITA: A mí no me importa que sea cierto o no. Lo que no puede ser es Moscú. ¿Comprende?

Es obvio que la celebridad no comprende nada, pero que su marido es más objetivo y más inteligente.

MARIDO: Bueno ¿qué más da un lugar u otro? Moscú o Washington da lo mismo para los lectores.

171

LUCRECIA *(Terca.):* Pero el diploma. . .

LUPITA: ¿Y en qué consiste el premio? ¿Dinero?

MARIDO: Es una beca para estudiar en el conservatorio de. . . Por Dios, estuve a punto de cometer una indiscreción y revelar algo que debe permanecer secreto. No vale la pena entrar en detalles.

LUPITA: ¿La Scala de Milán le parece bien? Es neutral.

MARIDO: Como quiera.

LUPITA: Ustedes están casados, naturalmente.

LUCRECIA: Y por las dos leyes.

MARIDO: Por las tres. *(Con una vaga esperanza de que Lupita sepa a qué se refiere.)* Usted conoce el chiste, ¿no?

LUPITA: Je, je. Y usted, señor, ¿nunca se ha opuesto a la carrera de su esposa?

MARIDO *(Magnánimo.):* Al contrario. Trato de apoyarla en todo lo que puedo. ¿No es cierto, querida?

LUCRECIA: Si no fuera por él. . . Me aconseja, me orienta, me dirige, me administra. ¡Ni siquiera la cuenta en el banco está a mi nombre!

LUPITA: ¡Qué romántico!

MARIDO: Y en esos momentos en los que el artista pierde la esperanza y el valor, mi esposa

172

siempre encuentra en mí un estímulo para seguir luchando.

LUPITA: ¿Tienen ustedes hijos?

LUCRECIA: No.

LUPITA: ¿Sería un estorbo para la carrera de la señora? ¿Los evitan?

MARIDO: De ninguna manera. Lo que pasa es que Dios no ha querido bendecir nuestra unión.

LUCRECIA *(Al marido.)*: Pero tú me prometiste que al terminar esta gira podríamos...

MARIDO *(Apretándole ferozmente el hombro para que se calle.)*: La señorita es discreta, como todos los reporteros, pero no tenemos que ventilar, delante de ella, nuestras intimidades.

LUPITA *(Matter of fact.)*: ¿Alguna anécdota?

LUCRECIA *(Consultando con la suprema autoridad del marido.)*: ¿Le cuento cómo te conocí?

Oscuro. Otro spot de luz ilumina a Lupita, con su grabadora y block de taquigrafía, ante un escritorio. Detrás de él está una funcionaria pública.

LUPITA: Según tengo entendido, usted es la primera mujer en la historia de México que va a desempeñar el puesto de Gobernadora de un estado. ¿Cómo considera usted este triunfo?

FUNCIONARIA: Como un triunfo de mi Partido.

Sus métodos democráticos, su dinamismo, su capacidad de interpretar el sentir del pueblo y de satisfacer sus necesidades. . .

LUPITA: ¡Momento! No quiero discursos. Quiero que me hable de usted. ¿Por qué lanzó su candidatura?

FUNCIONARIA: Por disciplina al Partido.

LUPITA: ¿Ambicionaba usted este puesto?

FUNCIONARIA: Mi único afán ha sido, siempre, servir a mi patria. En la trinchera en la que se me indique. Ningún puesto es insignificante cuando se tiene la voluntad de ayudar. Y mientras más alto se sube, se adquieren más responsabilidades, no mayores privilegios.

LUPITA (*Impávida ante este alarde retórico.*): ¿Y cómo se le ocurrió dedicarse a la polaca?

FUNCIONARIA: Gané un concurso de oratoria en la Prepa. Me invitaron a hablar en la Tribuna de la Juventud. En esos tiempos iba a lanzarse la candidatura presidencial del señor licenciado. . .

LUPITA: No nos remontemos a la prehistoria. ¿Usted cree que su condición de mujer ha sido un obstáculo para su carrera?

FUNCIONARIA: ¿Por qué habría de serlo? La Constitución nos garantiza, a todos los mexicanos, sin distinción de sexo, credo, raza ni edad, una igualdad cívica. . .

LUPITA *(Cortando por lo sano.)*: ¿Es usted casada?

FUNCIONARIA *(Rígida.)*: No. Soy señorita.

LUPITA: ¿Considera usted que el éxito le ha restado feminidad?

FUNCIONARIA: De ningún modo. Cada vez que el Partido me deja libre un rato corro a meterme en la cocina. Y hago unos chiles en nogada como para chuparse los dedos. Si quiere, le doy la receta.

LUPITA: No, gracias. ¿Cuál es su color preferido?

FUNCIONARIA: ¿Cómo preferir entre el verde, el blanco y el rojo, los colores de nuestra bandera? Los tres son preciosos. Los tres.

LUPITA: ¿Cuál es su programa de gobierno?

FUNCIONARIA: Es el programa de mi Partido: proteger al campesino y al obrero, impulsar el desarrollo de la industria, sanear la administración pública...

LUPITA: Etcétera. En su caso particular añadiremos guarderías infantiles, centros de bienestar social rural y eso. Bien. Para terminar ¿alguna anécdota?

FUNCIONARIA *(Como a quien agarran en despoblado.)*: Claro... pues verá usted... *(Después de un momento de duda se decide y pregunta.)* ¿Qué es una anécdota?

Oscuro. Spot de luz que muestra sofá polvoso y viejo. Gatos. Lupita, su grabadora y su block. Mujer más que madura, un poco chocha.

LUPITA: Señora...

ASTRÓNOMA: Señorita... aunque le cueste más trabajo.

LUPITA: El trabajo, en todo caso, ha de haber sido asunto suyo.

ASTRÓNOMA *(Parando la oreja.)*: ¿Cómo dice?

LUPITA *(A gritos.)*: Que si es cierto que usted descubrió una estrella nueva.

ASTRÓNOMA: Ah, sí, cómo no. Y le puse Amparo, en recuerdo de mi mamacita, que de Dios goce.

LUPITA: ¿Y cómo fue?

ASTRÓNOMA: Pues la pobre venía padeciendo de las reumas desde hacía tiempo. Y como nunca se quejaba...

LUPITA: *Que cómo fue lo de la estrella.*

ASTRÓNOMA: Ah, pues por pura casualidad. Yo estaba como tortilla en comal, como dicen, porque estos benditos gatos no me dejaban dormir con sus maullidos. Y que agarro y digo: vamos a echarle un ojito al telescopio. Y que se lo echo. Y que me topo con ella, con Amparo, muy sí señora, muy tranquila, como esperando a que la descubrieran. ¿Qué le parece?

LUPITA: ¿Y cómo es que tenía usted un telescopio?

ASTRÓNOMA: Lo heredé de mi papacito, que en paz descanse. Él me enseñó a distinguir las constelaciones, a nombrarlas. Como en esa época no había televisión, no teníamos mucho en qué entretenernos.

LUPITA: ¿Y a usted le gustaba la astronomía?

ASTRÓNOMA: Pues gustarme, lo que se llama gustarme, para qué le voy a echar mentiras, no. Pero mi papacito era tan bueno y tan empeñoso que no tenía yo corazón para no llevarle la corriente. Era tan bueno... ¿Sabe usted cuál fue el primer regalo que me hizo? Era yo todavía una criatura. Me dio un ábaco, para que yo aprendiera a contar. Y luego de ahí p'al real: tablas de multiplicación, logaritmos... Como él tenía que guardar cama por sus achaques, nos entreteníamos mucho con los números.

LUPITA: Y cuando él murió...

ASTRÓNOMA: El gobierno decretó que esta casa era propiedad de la Nación, a saber por qué. Algo así como un museo. Y mal que bien tuvimos que avenirnos a eso mi mamacita y yo.

LUPITA: ¿Y no tiene usted más familia?

ASTRÓNOMA: No. Fui hija única. Por eso mi papá quiso que me dieran la mejor educación, los

177

mejores maestros de esos tiempos. No se crea usted: así como me ve sé tocar el piano, bordar, pintar acuarelas. Lo que nunca me entró fue el bendito pirograbado.

LUPITA: No se preocupe usted. Ya pasó de moda.

ASTRÓNOMA: Como todo. Mire usted ahora cuánto argüende con mi Amparo. Mañana, ni quien se acuerde. Así es el mundo de embelequero.

LUPITA: Pero mientras dura la racha hay que aprovecharla ¿no?

ASTRÓNOMA *(Esperanzada.)*: ¿Usted cree que con este rebumbio del descubrimiento de Amparo aprueben una partida para reparaciones del techo de la casa? Hay una cantidad de goteras que durante la temporada de lluvias no sé dónde meterme.

LUPITA *(Mecánicamente.)*: Esperemos que sí. ¿Alguna anécdota?

ASTRÓNOMA: Ay, tantas. Mire usted, este minino que parece tan seriecito y formal, pues no me lo va usted a pasar a creer, pero una noche...

Se desvanecen lentamente la voz, la luz, las presencias, y volvemos de nuevo al salón de belleza.

DUEÑA *(Viendo los signos de la opinión de Lupita sobre la peluca.)*: ¿No?

LUPITA: No. *(Trata de disculparse, pero no por ello deja de devolver el adminículo.)* Me queda como a un Cristo dos pistolas.

PEINADORA: No discutamos más. Aquí tiene nuestro último modelo.

DUEÑA: Y es, de veras, el último.

PEINADORA: Se llama "Al filo del agua".

Oscuro. La luz va a iluminar ahora una de esas mezclas de sala de recibir y de aula, tan frecuentes entre las señoras de la burguesía mexicana que acaban de descubrir que la cultura es un adorno y dedican a ella, si no su más arduo esfuerzo, sí sus mejores horas. En esta ocasión, el grupo es muy selecto, lo que quiere decir, muy poco numeroso. Cotorrean que es un gusto durante el intervalo que separa una clase de otra.

SEÑORA 1 *(Dubitativa.)*: No sé si quedarme o irme. Tengo una cita en el Club de Golf.

SEÑORA 2: ¿Cómo pronuncias *Club*? ¿A la inglesa, a la francesa o a la española?

SEÑORA 3: Ay, tú, ni que fuera chocolate.

Entra Lupita, vestida con sobriedad y elegancia. Se le nota que posee un grado académico pero que ello la ha hecho más consciente de su feminidad,

más cuidadosa de su apariencia. Por ejemplo: es miope. No es una desgracia; es una oportunidad de usar anteojos diseñados de modo que parezca misteriosa, no inteligente, atractiva, no capaz. Se mueve con seguridad y eficacia pero, en cada movimiento seguro y eficaz, deja entender que está dispuesta a abdicar de su independencia en la primera ocasión conveniente. *Y abdicar quiere decir seguir el ejemplo de su madre o de su suegra.*

LUPITA *(Se sienta ante la mesa de los maestros, dispone convenientemente su portafolio, sus papeles, y cuando ha terminado toca la campanilla para imponer silencio.)*: Señoras, recuerden que —a partir de este momento— se impondrá una multa a quien hable de marido, de hijos o de recetas de cocina.

SEÑORA 1: ¿Se permite hablar de criadas?

LUPITA *(Con un sentido del humor que sus alumnas aprecian y celebran cada vez que se manifiesta.)*: De criadas sí, porque ése es un asunto serio.

Pausa durante la cual unas alumnas se disponen a tomar apuntes en un cuaderno y otras ponen en marcha sus grabadoras. Esto les permite distraerse, pero invocan la razón de que, más tarde,

escucharán la grabación en compañía de su esposo.
De esta manera, quienes han escalado altos pues-
tos administrativos o gozan de riqueza y de in-
fluencia pueden desempeñarse con seguridad en sí
mismos en cualquier reunión social, ya que están
al tanto de los temas que se traten y pueden opi-
nar, sobre lo divino y sobre lo humano, sin un
excesivo riesgo de meter la pata. O saber, con cier-
ta seguridad, cuándo es preciso abstenerse de dar
una opinión.

LUPITA *(Doctoral.):* Señoras: en esta ocasión vamos a aplazar el tema que hasta ahora hemos venido desarrollando, o sea *La función de la estípite*
en la arquitectura colonial de la Nueva España,
para tocar otro tema que, si bien no es tan importante, sí es más urgente. Quiero, antes, hacerles
una pregunta: ¿están ustedes al tanto de lo que
ocurre, a ciencia y paciencia de las autoridades?
¿Que nuestras más veneradas tradiciones, nuestros
más caros símbolos, están siendo objeto de mofa
en un teatro capitalino?

SEÑORA 2 *(A su vecina.):* ¿Contra quién hablan, tú?

LUPITA: Contra la que es el pilar de nuestra
sociedad, contra la que transmite los valores en
que nos sustentamos a las generaciones futuras,

181

contra la que es el manantial de nuestra fuerza y nuestra entereza: contra la mujer mexicana.

SEÑORA 3: ¿Cuál mujer?

LUPITA: Yo diría contra la mujer, en abstracto. Pero el ataque es específico y va dirigido contra la abnegación de las madres; contra la virtud de las esposas; contra la castidad de las novias; es decir, contra nuestros atributos proverbiales, atributos en los que se fincan nuestras instituciones más sólidas: la familia, la religión, la patria.

SEÑORA 4: No ha de ser importante, cuando no lo prohibe la censura.

LUPITA: Porque, en tanto que país democrático, somos respetuosos de la libertad de expresión. Pero *esto* no es libertad: es libertinaje.

Voces excitadas, curiosas, ya con el apetito abierto.

SEÑORA 1: ¿Dónde?

SEÑORA 2: No oí bien, pero creo que en el teatro.

SEÑORA 3 (*A Lupita.*): ¿Cómo se llama la obra?

LUPITA: Se llama *El eterno femenino.* No hagamos caso de la falta de originalidad del título, que no es sino un lugar común plagiado literalmente de Goethe. No la consideremos desde el punto de vista crítico, porque tendríamos que con-

182

denar la arbitrariedad de las secuencias, la inverosimilitud de las situaciones, la nula consistencia de los personajes. Éstos son problemas técnicos de la estructura dramática, que no nos competen, como no nos compete la mescolanza de géneros, el abuso de recursos que no son teatrales y, sobre todo, el lenguaje, que cuando no es vulgar pretende ser ingenioso o lírico y no alcanza mas que la categoría de lo cursi. Hay algo más que tampoco tomaremos en cuenta en este momento, y es el modo con que trata nuestra historia. La autora, obviamente, no la conoce. Al desconocerla es incapaz de interpretarla y, como si eso fuera válido, la inventa. Y la invención tiende siempre a degradarnos y a ponernos en ridículo. Quien tal hizo ha escupido contra el cielo.

Señora 3: ¿Cómo se llama el autor?

Lupita: Ah, usted ha puesto el dedo en la llaga. La persona responsable de este engendro no es, como la lógica decreta, un autor, un hombre. No. Es... digámoslo así para no pecar contra la caridad cristiana... es una mujer. Si es que este título puede aplicarse a quien carece de decoro y de escrúpulos, a quien reniega de la misión que le ha confiado la naturaleza, que es la de ser como la paloma para el nido. Pero tampoco se convierte en el león para el combate. Su cobardía se palpa

cuando aprovecha la circunstancia de hallarse fuera del país y, al creerse por eso más allá del bien y del mal, fuera del alcance de la crítica, a salvo de las represalias de las personas decentes, tira la piedra. Y no se toma siquiera el trabajo de esconder la mano.

CORO DE SEÑORAS *(Rítmicamente.)*: ¡Nombres! ¡Nombres!

LUPITA: El nombre... no es que yo quiera ocultarlo: es que estoy segura de que no les dirá nada. La autora del bodrio al que hemos venido refiriéndonos se llama Rosario Castellanos.

SEÑORA 1: ¡Pero no puede ser! Si sus *Rutas de emoción* son preciosas y muy edificantes.

SEÑORA 2: Pues ya ves que dio el cambiazo. Si es lo que dice mi marido: este mundo está lleno de chaqueteros.

LUPITA *(Severa.)*: Señoras, háganme el favor de no confundir a una escritora digna de todo nuestro respeto, a una dama —como lo fue hasta el último instante de su vida Rosario Sansores— con una... Bien. No hagamos uso de ningún calificativo porque, después de todo, esa de la que hablamos es incalificable. Pero yo quiero apelar a los sentimientos piadosos de cada una de ustedes. Esa... "mujer" merece nuestro desprecio. Pero vamos a hacerle el regalo de nuestra lástima, te-

niendo en cuenta que es una pobre resentida, envidiosa, amargada.

SEÑORA 1 *(Como para emitir un diagnóstico.)*: ¿Es soltera?

SEÑORA 2: Si es soltera será por su gusto. Manuel Acuña se suicidió de amor por ella.

LUPITA *(Con mirada asesina.)*: Permítame usted hacer una rectificación. La Rosario que usted acaba de mencionar es Rosario de la Peña y vivió en el siglo XIX. Una persona tan delicada como ella no habría descendido jamás a causar este escándalo.

SEÑORA 1 *(Shock of recognition.)*: Ah, sí, ya sé. Es la mentada Rosario de Amozoc.

LUPITA *(Paciente.)*: No, no, tampoco. Rosario de Amozoc —o mejor dicho *El Rosario de Amozoc*— es una especie de leyenda que no viene al caso. Rosario Castellanos es la autora de un libro que no está del todo mal si se toma en cuenta que trata de indios. Me refiero a su novela *Chilam Balam*.

Todas escriben aplicadamente este dato. Así se hace la historia.

LUPITA *(Pedagógica.)*: En esas páginas la autora, si bien limitada y mediocre, parece al menos tierna, sencilla, dulce. Pero a la luz de los nuevos

hechos actuales comprobamos que era nada más una hipócrita. Ya desde *Chilam Balam* el análisis permite descubrir a la serpiente oculta entre la hierba. ¡Y qué veneno, señoras mías, qué veneno!

SEÑORA 1 *(Ritornello.)*: ¿Es soltera?

LUPITA *(A quien le están pisando el callo.)*: ¿Qué tiene que ver el hecho de que sea o no soltera? Matrimonio y mortaja, dice el refrán, del cielo baja. Como todos los refranes, éste expresa la sabiduría popular que nos dice que el hallazgo de la pareja adecuada es, en la mayor parte de los casos, un asunto de suerte. Ahora bien, ustedes no ignoran que la suerte y los méritos pocas veces andan juntos.

SEÑORA 1: ¿Pero es soltera?

LUPITA *(Resignándose a desembuchar.)*: No. Rosario Castellanos no tiene siquiera la disculpa de ser soltera. Es algo peor: divorciada, lo que, a mi modo de ver, no la justifica de ninguna manera, pero explica su cinismo, su desvergüenza y su agresividad. El fracaso conyugal, del que, ninguna duda cabe, ella es la única culpable, la anima a dar un bofetón en la mejilla de una sociedad a la que no es digna de pertenecer.

SEÑORA 2 *(Aburrida.)*: Vamos a ningunearla.

SEÑORA 1: Que se dé cuenta que nos hace lo

que el aire al Benemérito. *(Apenada por la vulga-*
ridad del dicho.) Perdón.

LUPITA: No. Me temo que dar la callada por
respuesta sea una sutileza que la señora Castellanos no capte. Va a suponer que nos ha dejado sin
argumentos para rebatirla.

SEÑORA 3: No podemos rebatirla si no vemos
la obra.

SEÑORA 2 *(A la señora 1.)*: Qué bueno que lo
dijo. Porque a mí me está entrando una gana de
verla...

SEÑORA 1: A mí también. Pero cállate. Después
nos ponemos de acuerdo a ver si vamos juntas.
Por lo pronto, hay que hacer como que hacemos.

LUPITA: Creo que si el ataque ha sido artero,
el contraataque no debe ser directo. Habrá que
demostrar, con hechos, que la mujer mexicana no
es esa caricatura —o ese autorretrato— que la señora Castellanos presenta. No. La mujer mexicana
es un ser humano, consciente y responsable, que
actúa de acuerdo con arraigados principios morales, científicos, filosóficos y religiosos. Dije que la
mujer *actúa,* y quiero subrayarlo, porque ahora
se trata de que entremos en acción.

SEÑORA 1: ¡Vamos a organizar un té canasta!
De caridad, naturalmente.

LUPITA *(Con engañosa dulzura.)*: ¿Para qué?

187

¿Para comprarle un marido a la señora Castellanos, con los fondos recaudados?

SEÑORA 2: Ay, sí tú, ¡qué más quisiera! ¿Su nieve de limón?

SEÑORA 3: Yo propongo que con el dinero se indemnice a su ex-esposo por el tiempo que tuvo que soportarla.

SEÑORA 2: O se le premie por la habilidad de haberse deshecho de ella.

LUPITA: Señoras, no nos dejemos cegar siempre, como dijo el poeta, por los astros domésticos.

SEÑORA 3: ¿Y si formamos un partido político?

LUPITA: ¿Cuál sería su plataforma ideológica?

SEÑORA 3: Luchar porque se nos conceda el voto.

LUPITA: Las mujeres mexicanas tenemos derecho al voto desde el 18 de enero de 1946.

SEÑORA 3 *(Desconcertada.)*: ¿Y cómo es que nunca...?

LUPITA *(En un tono de "Elemental, mi querido Watson".)*: Eso le prueba la inanidad de la idea.

SEÑORA 4: Con o sin voto, las mujeres mexicanas seguimos estando oprimidas.

SEÑORA 1: Por la faja y por el brassiere, oprimidísimas.

SEÑORA 2: Y ya es un adelanto. Nuestras abuelas no podían permitirse andar sin corsé.

SEÑORA 3: Oprimidas por los zapatos estilo italiano.

SEÑORA 1: Somos unas esclavas del salón de belleza, de los tubos y las anchoas, de la pintura para el pelo, de las mascarillas de lodo rejuvenecedor y de la dieta de calorías y...

SEÑORA 3: ¡Vamos a luchar por una sociedad sin maquillaje!

LUPITA: ¿A qué hombre agradaríamos así?

SEÑORA 4: ¿Se trata de agradar siempre a los hombres?

LUPITA: No hay otra alternativa, si pensamos que nuestra misión en el mundo es perpetuar la especie.

SEÑORA 4: Si la ciencia sigue como va, pronto la especie se va a reproducir en los laboratorios.

LUPITA: ¿Y si no sigue?

SEÑORA 4: De cualquier manera disponemos, ya desde ahora, de la inseminación artificial.

SEÑORA 1: Ay, ¡qué asco!

SEÑORA 4: Lo que yo trato de demostrar es que, si nos ceñimos a la maternidad como única función, no seremos indispensables por mucho tiempo. Nos convertiremos en bocas inútiles a las que se dejará morir de hambre en tiempos de escasez; a las que se tratará como objeto de experimentación o de lujo; un objeto superfluo que se des-

echa cuando llega la hora de hacer la limpieza a fondo.

LUPITA ¡Qué cuadro apocalíptico!

SEÑORA 4: Pero no imposible. Ni siquiera improbable. Ni remoto.

SEÑORA 1: Seremos siempre las compañeras del hombre.

SEÑORA 4: Compañeras no lo hemos sido nunca. Siervas, sí. En tiempos de paz. Y después de las victorias, el reposo del guerrero. Pero ya no somos ni eso. Hemos sido ventajosamente sustituidas por las drogas: desde el sofisticado LSD hasta la humilde y vernácula mariguana.

SEÑORA 2: Yo estoy de acuerdo en que no somos compañeras. Cuando bien nos va, somos competidoras. Cuando nos va mal, somos apéndices.

SEÑORA 1: Yo lo diría al revés.

SEÑORA 4: El orden de los factores no altera el producto. Y el producto apesta. A muerto.

LUPITA (*A quien le han quitado su papel.*): ¿Qué sugeriría usted? ¿La organización de un reino de las Amazonas?

SEÑORA 4: No soy tan utópica. En un ambiente como el nuestro se adaptaría mejor la estructura del panal: la abeja reina, las abejas trabajadoras y los zánganos, a los que no se elimina mientras son útiles.

Señora 1 (*Muy angustiada.*): Ay, no, yo quiero a mi marido y a mis hijos. Yo quiero mi casa. Y que no cambie nada, nada. Nunca.

Señora 2 (*Dejando hablar a su subconsciente.*): Yo quiero a mi papá y que me lleve de la mano al parque. Y que no permita que se me acerquen nunca los hombres. Y que muera en mis brazos, como debe ser.

Señora 1: Es que así no debe ser: el Evangelio dice que se dejará al padre y a la madre para seguir al marido.

Señora 4: La Biblia es un libro muy hermoso que hay que leer, que hay que disfrutar, pero que no se tiene que tomar al pie de la letra. Según Engels, en su opúsculo *El origen de la familia, la propiedad privada y el Estado,* la condición de la mujer no es más que una superestructura de la organización económica y de la forma de distribución de la riqueza.

Lupita (*Queriendo recuperar la batuta.*): Y Bachofen prueba la existencia histórica del matriarcado.

Señora 4: ¿Y qué otra cosa es la familia mexicana? El machismo es la máscara tras de la que se oculta Tonantzin para actuar impunemente. La mala fe, en el sentido sartriano del término, es la que hace tan flexible nuestra espina dorsal. Pero

no hay que fiarse de nosotras. Cuando nos inclinamos no es para someternos, sino para tensar la cuerda que disparará la flecha.

LUPITA (*A la señora 4.*): ¿Usted ha visto *El eterno femenino*?

SEÑORA 4: Yo no necesito ir al teatro para digerir —como algunas de mis compañeras— ni para pensar. Yo pienso por mi cuenta.

LUPITA: Y piensa mal.

SEÑORA 4: Entonces, como dice el refrán, acierto. Por eso cuando usted dijo que había llegado la hora de actuar yo estuve de acuerdo. En lo que tenemos que ponernos de acuerdo es en el modo.

SEÑORA 2: Yo pertenezco al Movimiento Familiar Cristiano.

SEÑORA 4: Qué dicen de la píldora?

SEÑORA 2: Es un problema de conciencia.

SEÑORA 4: ¿De la conciencia de quién? ¿De tu confesor? ¿De tu marido? ¿De tu clase? ¿O, simplemente, de *tu* conciencia?

SEÑORA 2: Oh, deja de molestarme.

SEÑORA 4: Y no te olvides que el Estado ya comienza a intervenir. La planeación familiar es un asunto político, no privado.

SEÑORA 2 (*A la señora 4.*): ¿Y qué propones tú? ¿Que formemos grupos de lesbianas como en los

192

Estados Unidos? ¿Que editemos revistas pornográficas con desnudos masculinos?

SEÑORA 1: Por favor, ¡qué escándalo!

SEÑORA 3: Yo soy *old fashioned*. Para mí el ejemplo de Lisístrata sigue siendo válido.

SEÑORA 1: ¿Qué dice Lisístrata?

SEÑORA 3: En pocas palabras, que jalan más dos *(Señalándose el pecho)* que dos carretas.

SEÑORA 2: Me temo que con la moda del unisex la pobre Lisístrata no daría una.

SEÑORA 1 *(Irritada.):* ¿Entonces qué?

LUPITA: Recapitulemos. Hay varias opciones. Primera: defender las tradiciones, modernizándolas, claro, para ponerlas a las alturas de los tiempos.

SEÑORA 1: ¡Sí, sí, bravo, bravo, viva, viva!

LUPITA: Segunda: romper con el pasado como lo han hecho nuestras rubias primas, nuestras buenas vecinas.

SEÑORA 3: ¡Yankis, go home!

LUPITA: Pero no son las únicas: también las escandinavas, las inglesas...

SEÑORA 3: ¿Y cómo les ha ido?

SEÑORA 1: Del cocol. Trabajan dentro y fuera de su casa y, de pilón, cuando se mueran se van a condenar.

SEÑORA 4 *(A Lupita.):* ¿No hay una tercera vía para el tercer mundo al que pertenecemos?

LUPITA: ¿La industrialización?

SEÑORA 1: Vade retro, Satanás. A mí me importa gorro la maternidad, el matrimonio y toda la parafernalia. ¡Que perezcan los principios, pero que se salven las criadas!

SEÑORA 4: La tercera vía tiene que llegar hasta el fondo último del problema. No basta adaptarnos a una sociedad que cambia en la superficie y permanece idéntica en la raíz. No basta imitar los modelos que se nos proponen y que son la respuesta a otras circunstancias que las nuestras. No basta siquiera descubrir lo que somos. Hay que inventarnos.

Sobreviene lo que había estado reprimiéndose hasta entonces: un ataque de histeria colectiva. Unas se arrodillan y piden perdón público por sus pecados. Otras claman, llorando, por su mamá. Otras avientan el brassiere al bote de la basura. Otras vociferan por el hijo, por el marido, por el hombre, por el sexo, por la libertad, por la independencia económica. Otras cantan: "¡No queremos diez de mayo, queremos liberación"! En resumidas cuentas, es un pandemonium que Lupita, a pesar de sus campanillazos, no puede reducir al orden.

LUPITA *(Gritando.)*: Señoras, por favor, silencio.

Señoras, se están comportando como unas cualquieras. ¡Señoras! *(Nadie le hace caso.)* ¡Basta! ¡Basta!

Enfurecida, Lupita se quita la peluca y la arroja al suelo y la pisotea. Oscuro momentáneo. Cuando vuelve la luz, estamos nuevamente en el salón de belleza, pero Lupita continúa haciendo su berrinche a pesar de que tratan de impedírselo las otras clientes, la peinadora y la dueña. Por fin, esta última logra recuperar —hecha un asco, naturalmente— la peluca.

DUEÑA: ¡Ésta sí que me la paga! Mire nomás cómo me la dejó. Y todavía ha de querer que le probemos otra. Pues se equivoca. No hay más cera que la que arde, y yo no tolero insolencias en un salón que es exclusivo para señoras decentes. ¡Largo de aquí antes de que yo me olvide de quién soy y le dé su merecido! ¡Largo de aquí!

LUPITA *(Incoherente.)*: Pero si no estoy peinada.

DUEÑA: ¿Y a mí qué me importa?

LUPITA: Es que me iba yo a casar...

DUEÑA: Tanto peor para usted. Si no le gusta nada de lo que se le ofrece, pues péinese usted sola como se le dé la regalada gana.

LUPITA *(Viendo la batalla perdida, se vuelve, retadora.)*: ¿Y qué cree que no puedo?

DUEÑA: Eso no me importa. A mí me paga lo que me debe y ya. Lo demás es *su* problema.

LUPITA *(Azorada, mirando al público como quien busca auxilio.)*: ¿Mi problema? *(Se jala las mechas y vuelve a patalear.)* ¿Mi problema? ¡Chin!

TELÓN

CORRIDOS

I

Voy a ponerme a cantar
el muy famoso corrido
de un asunto que se llama
el eterno femenino,
y del que escriben los sabios
en libros y pergaminos.

La Biblia dice que Dios
cometió un gran desatino
cuando al hombre lo formó
con lodo medio podrido
y sin ninguna experiencia
le salió como ha salido.

Un día que estaba durmiendo
en los prados del Edén,
Dios le quitó una costilla
para hacer a la mujer;
como ya le sabía el modo
resultó a todo meter.

Adán y Eva, desnudos,
iban de aquí para allá,
dándole nombre a las cosas,
que era misión principal:
"ésta se llama jirafa
y aquél se llama alacrán".

Mientras Adán bautizaba
la pobre Eva se aburría
y fue a apoyarse en un árbol
donde una serpiente había,
que le dijo: —¿gustas una?
y le dio manzana fina.

"Si la comes, averiguas
lo que va del bien al mal,
lo que debes preferir,
lo que debes rechazar,
y la tomada de pelo
que te están queriendo dar."

Ni tarda ni perezosa
Eva la fruta mordió,
y al momento en su cabeza
un foquito se prendió:
y bajo esta nueva luz
el Paraíso contempló.

Con un poco de trabajo
esto podría mejorar:
construirnos una casita,
la comida cocinar,
y quitar ese letrero
que nos prohibe probar.

Pero Adán era muy flojo
y no la quiso ayudar;
porque además tenía miedo
del castigo de Jehová
que lo tenía amenazado
con lanzamiento legal.

Adán no entiende argumentos,
no hay que discutir con él.
No nació para mandar,
nació para obedecer.
No comerá la manzana
si no le hago un pastel.

199

Te voy a dar la receta,
dijo a Eva la serpiente,
y también otros secretos
para seducir imbéciles
y para ganar amigos
e influir sobre la gente.

Por fin, como ustedes saben,
ocurrió lo que ocurrió,
y un arcángel con espada
del Paraíso arrojó
a Eva y Adán, desnudos,
como maldición de Dios.

Y desde entonces, señores,
no hubo más que trabajar,
poblar de hombres el mundo
y si se acaba, empezar
llevando muy bien la cuenta
de lo que se hizo y se hará.

Adán marchaba llorando,
y mirando para atrás
un paraíso perdido
que no va a recuperar,
y Eva pensaba en la historia
que acababa de empezar.

Señores, pido perdón
y con ésta me despido.
La serpiente va enredada
en los versos del corrido
en que se cuenta la hazaña
del eterno femenino.

II

Voy a ponerme a cantar
el muy famoso corrido
de un asunto que se llama
el eterno femenino,
y del que escriben los sabios
en libros y pergaminos.

Unos dicen que perdió
a la humanidad entera
por comer una manzana
que los dioses le prohibieran,
porque fue desde el principio
desobediente y rejega.

Por eso nacen sus hijos
entre gran pena y dolor;
por eso no debe entrar
al santuario del Señor,
ni a la cátedra del maestro,
ni al taller del obrador.

Debe de estar encerrada,
porque si mira los campos
se malogran las cosechas
y los frutos se hacen agrios,
y es el hambre la que come
de ciudades y poblados.

Si va a la playa del mar
es anuncio de tormenta
y los monstruos la saludan
como aliada y compañera,
pues igual que ella se mueven
en las profundas tinieblas.

Desde las tinieblas habla
profecías y misterios,
y en las tinieblas prepara
sus filtros y sortilegios,
y no conoce más luz
que en la que arde su cuerpo

cuando lo queman en plazas
para advertencia y ejemplo.
Así ya purificada,
sube del altar al cielo,
donde Dios la escoge para
que se establezca su Reino.

En regazo de mujer
se va criando el Redentor
y a ese regazo materno
se acoge el pobre pastor
y ante él se rinden los Reyes
y hace reverencia el sol.

Los querubines la cercan,
los ángeles le hacen coro
y los arcángeles suben
hasta su más alto trono
donde la Virgen y Madre
vence el poder del demonio.

Con qué piedad, a las otras,
la Única, sin Estigma,
las mira, porque no fueron
ni salvadas ni elegidas.
Son las que infestan la tierra
de maldades y mentiras.

Son serpientes disfrazadas
que buscan un paraíso
para volverlo a destruir,
probando así su dominio
y la fuerza incontrastable
del eterno femenino.

Vuela, vuela palomita,
y salúdame al pasar
a Eva y a la Malinche,
a Sor Juana, a la Xtabay,
y a la Guadalupanita
si vas por el Tepeyac.

Porque me voy despidiendo
y no quisiera olvidar
a ninguna, aunque bien sé
que en un corrido vulgar
ni están todas las que son
ni son todas las que están.

El eterno femenino, de Rosario Castellanos,
se terminó de imprimir y encuadernar en abril de 2021
en los talleres de Safekat, calle Laguna del Marquesado, 32;
28021 Madrid.

La tirada fue de 100 ejemplares.